高等职业教育财会专业系列精品教材

成本核算与管理

主　编　肖月华　肖佩民　郭赞伟
副主编　梁　斌　邱　珊　钟雅欣　杜　睿

中国轻工业出版社

图书在版编目（CIP）数据

成本核算与管理/肖月华，肖佩民，郭赞伟主编．—北京：中国轻工业出版社，2021.8

高等职业教育财会专业系列精品教材

ISBN 978-7-5184-3572-2

Ⅰ.①成…　Ⅱ.①肖…②肖…③郭…　Ⅲ.①成本计算-高等职业教育-教材②成本管理-高等职业教育-教材　Ⅳ.①F231.2 ②F275.3

中国版本图书馆 CIP 数据核字（2021）第 129549 号

责任编辑：崔丽娜　　责任终审：劳国强　　封面设计：锋尚设计
版式设计：霸　州　　责任校对：吴大朋　　责任监印：张　可

出版发行：中国轻工业出版社（北京东长安街 6 号，邮编：100740）
印　　刷：三河市国英印务有限公司
经　　销：各地新华书店
版　　次：2021 年 8 月第 1 版第 1 次印刷
开　　本：787×1092　1/16　印张：12
字　　数：280 千字
书　　号：ISBN 978-7-5184-3572-2　　定价：45.00 元
邮购电话：010-65241695
发行电话：010-85119835　传真：85113293
网　　址：http://www.chlip.com.cn
Email：club@chlip.com.cn
如发现图书残缺请与我社邮购联系调换
210411J2X101ZBW

前 言

PREFACE

成本会计岗位是工业企业重要的会计岗位之一，同时，随着经济的发展以及现代成本管理思想的革新，成本会计岗位也逐渐进入到其他行业企业，如酒店、物流、安装等服务企业。本教材根据形势要求，在吸收其他教材优势特色的基础上进行编写，主要特点如下。

（1）进一步充实教材中根据成本核算发展趋势需突出的内容，如作业成本法。

（2）强调学习者的学习体验，以学习者为主体，强化动手操作，教材中提供大量案例、实训内容，提高学习者的学习体验感；强调任务先行、知识点跟进、实训到位。

（3）丰富教材形式，形成线上线下课程内容体系。本教材素材包括 PPT 课件、课程视频、题库、参考答案等。

（4）以“成本核算岗位工作流程”为基础设计教材内容。从认知产品生产流程，到熟知成本核算岗位主要工作，然后掌握成本费用要素的归集和分配，最后进行产品成本的汇总和结转，均以成本核算工作过程中的实际任务为基础系统设计教材内容。

本书共七个项目，主要内容包括认知成本核算岗位工作、认知产品成本核算、归集与分配生产费用要素、计算完工产品与在产品成本、应用成本核算的基本方法和辅助方法、分析成本报表等。本书采用项目任务式的编写体例，每一项目中均设置了项目学习目标（包括知识目标、技能目标、思政目标）、项目任务（每个任务内容中有案例引入、关键知识点、案例讨论与讲解及实训内容）、项目综合实训内容。

本书由湖南娄底职业技术学院肖月华、郭赞伟，湖南有色金属职业技术学院肖佩民担任主编；娄底职业技术学院梁斌、邱珊、钟雅欣，湖南有色金属职业技术学院杜睿担任副主编。肖月华负责拟定编写思路与编写大纲，并对全书进行统稿。具体编写分工如下：郭赞伟负责编写项目一，钟雅欣负责编写项目二，肖佩民负责编写项目三，邱珊负责编写项目四，肖月华负责编写项目五、项目六，杜睿负责编写项目七，梁斌负责编写实训参考答案。

本书在编写过程中参考了有关文献资料，在此对相关文献资料的作者深表感谢。由于编者水平有限，书中难免存在不足和疏漏之处，敬请同行和读者批评指正。同时，我们也将不断地改进，力争让学习者们拥有更好的学习体验。

编者

目 录

CONTENTS

项目一　认知成本核算岗位工作

知识目标

学习和掌握成本的经济实质和作用，成本会计的对象、内容、职能、任务和工作组织等理论知识；能用所学的理论知识指导成本会计的相关认知活动。

技能目标

能运用支出、费用、成本、成本会计的职能与任务、成本核算机构设置等知识，进行支出、费用、成本的划分及会计机构设置与职能设计的能力。

思政目标

成本管理以岗位制度为约束前提，培养学生的岗位、制度观念。

任务一　认知产品成本

［微课］
认知产品成本

案例引入

案例 1-1　华同学的观点

华达机械厂生产某种型号的机床，2020 年 8 月份产生直接材料费用 60 万元，燃料和动力费用 8 万元，生产人员工资 12 万元，用于生产的机械设备折旧费 2 万元，该种产品本月全部对外销售，收入 90 万元，华同学认为该机械厂产品的生产成本为 82 万元。

问题：华同学的观点是否正确？为什么？请大家讨论。

案例 1-2　蛋糕店的新增服务

小赵经营一家蛋糕店，现打算增加一项送货上门服务。该决策从经济效益考虑是否可行，相关资料见表 1-1-1。

表 1-1-1　　蛋糕店收入费用表

项目	原经营项目金额(元)	增加送货上门服务金额(元)	差额(元)
销售收入	40000	52000	12000
成本			0
原料	16000	20800	4800

续表

项目	原经营项目金额（元）	增加送货上门服务金额（元）	差额（元）
人工	6400	8200	1800
水电费	2000	2400	400
租金	8000	8000	0
折旧	1000	1000	0
其他	900	990	90
成本合计	34300	41390	7090
营业利润	5700	10610	4910

小赵拿不定主意，请学会计的刘伟和大同一起商量，刘伟认为增加销量就意味着增加收入，可以增加送货上门服务；大同认为虽然增加收入，但也增加成本，如果再增加雇员就不赚钱了。

提问：

（1）你同意谁的观点，为什么？

（2）刘伟和大同的观点对吗，是否欠考虑？

（3）你认为该问题如何处理？

关键知识点

（一）支出、费用和成本

1. 支出

支出是指企业经营活动中发生的一切开支与耗费。支出包括：资本性支出、收益性支出、营业外支出、利润分配性支出等。

资本性支出是指企业发生的、可以在多个会计期间取得收益或得到服务的支出。一般会形成长期性资产，如为固定资产、无形资产、递延资产所发生的支出，为这些资产发生的支出，一般要进行资本化处理。收益性支出则是指企业发生的、在本年度或一个营业周期内取得收益或得到服务的支出，如购买原材料的支出等。营业外支出是指与企业的生产经营活动没有直接关系的支出，如罚款支出、捐赠支出等。利润分配性支出是指利润分配环节发生的支出，如所得税支出、股利分配支出等。营业外支出和利润分配性支出都不是由于企业日常的生产经营活动而发生的，不应计入生产经营管理费用。资本性支出和收益性支出要视情况而采取不同的方式计入成本费用。

2. 费用

费用是指为销售商品、提供劳务等日常活动所发生的经济利益的流出。费用是对企业资产的耗费，属于收益性支出。按同产品的关系可分为生产费用和期间费用。

生产费用：与产品有直接关系的费用，如直接材料、直接人工、制造费用等。生产费用构成产品价值，应计入成本。

期间费用：与产品没有直接关系的费用，如销售费用、管理费用、财务费用等。期间费用与期间配比，不构成产品价值，应从当期收益中扣减。

3. 成本

成本，广义是指企业发生的全部费用，包括生产费用、期间费用；狭义是指产品成本、是对象化的生产费用。本书采用狭义的概念。

4. 三者的关系（图 1-1-1、图 1-1-2）

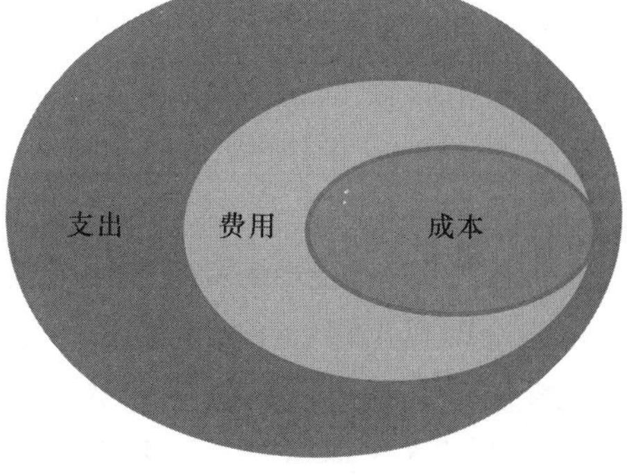

图 1-1-1 支出、费用、成本关系 1

（二）成本的经济实质

成本的经济实质是资源的耗费，是货币计量方式“W=C+V+M”中“C+V”部分。

W：商品的价值；C：物化劳动的转移价值；V：活劳动中劳动者为自己创造的价值；M：劳动者为社会创造的价值。

（三）成本的作用

1. 成本是制定和选择决策方案的重要依据

在市场价格相对固定的情况下，成本高低直接影响企业的盈利水平和市场竞争力水平，同时，企业进行生产经营或投资决策，大多以经济效益高低作为决策依据，在决策方案择优时，成本是必不可少的考虑因素。

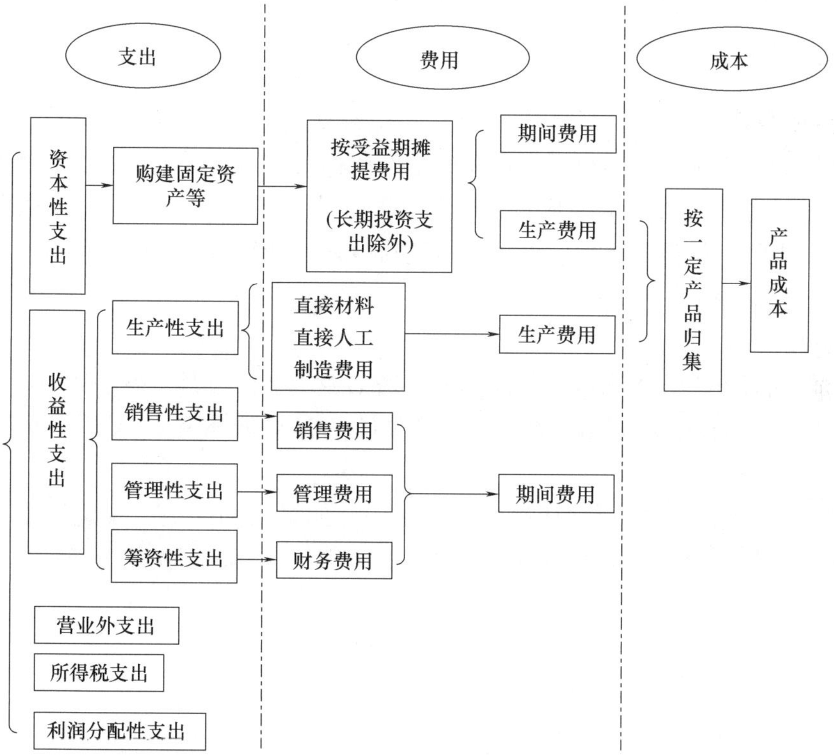

图 1-1-2 支出、费用、成本关系 2

2. 成本是业绩评价的重要依据

一个企业会将各种工作责任分派给不同的员工，如将一个工厂的管理工作安排给一位厂长负责，将一个车间的管理工作安排给一名车间主任负责，将一个事业部的管理工作安排给部门经理负责等。这些分厂、车间和事业部等从管理会计角度讲就是责任中心，这些责任中心可能是利润中心、成本中心、投资中心，其负责人对其所管理的部门的经营业务负责。利润中心以利润为评价指标，成本中心以成本高低或升降为评价指标，投资中心以投资收益等为评价指标。所有评价中都不可或缺地要使用成本计算。

3. 成本是制定价格的依据

成本是制定价格的依据，这是显而易见的事情。比如工厂生产产品进行销售，一般考虑在成本的基础上获得多少利润才能出售，如果售价低于生产产品所花费的代价，工厂可能不会同意出售。正如马克思所说："商品出售价格的最低经济界限，是由商品的成本价格决定的。如果商品低于它的成本出售，生产资本中已经消耗的组成部分，就不能全部由出售价格得到补偿。如果这个过程继续下去，预付资本价值就会消失。"企业之间的竞争主要是成本的竞争，谁的成本低，谁就获利高，反之亦然。所以，成本是制定价格的依据。

4. 成本是生产耗费的补偿尺度

维持企业的再生产是发展市场经济的必然要求。想要维持企业的生产，首先要求及时、足额地补偿生产过程中的劳动耗费。成本是补偿劳动耗费的尺度、是维持企业再生产的最低补偿界限。如果按成本提供的补偿尺度不能被满足，企业生产就无法维持。

案例讨论与讲解

案例 1-1　分析参考

华同学的观点正确，华达机械厂产品的生产成本是 82 万元。成本是资源的一种耗费，是生产部门为制造产品所发生的成本，即产品的成本，同时产品成本是已耗费而又必须在价值或实物上得到补偿的支出，即该厂从销售收入中能够得到补偿。

计算公式：60+8+12+2=82 万元

案例 1-2　分析参考

同意刘伟的观点。收入和成本是配比的，增加送货上门每月可增加 4910 元营业利润。

刘伟欠缺的是对成本增加的考虑，大同欠缺的是对成本和收入对比的利润增加的考虑。

小赵以此为依据，应决策增加送货上门服务。如果增加雇员，其费用小于增加的利润即可。由此可见，对于制定决策来说，过去的成本信息是进行决策分析的重要依据。

实训

实训 1-1　产品成本是多少？

根据某生产企业 6 月份有关数据计算产品成本：

（1）购进材料 10 万元，其中 60%被生产领用；

（2）生产工人工资 5 万元，生产车间管理人员工资 5000 元，职工人员工资 3000 元，企业技术人员工资 1 万元；

（3）贷款购买设备支付利息 6000 元；

（4）发生广告费 1 万元；

（5）生产设备计提折旧费用 3000 元。

任务二　认知成本会计及岗位

[微课]
认知成本会计及岗位

案例引入

案例 1-3　关于成本会计的讨论

小王与小赵两人去应聘成本会计岗位，公司负责人华经理对俩人进行了考核。下面是仨人的对话。

华经理的问题：公司支付本月生产产品工人工资 100 万元，行政管理人员工资 10 万元，车间管理人员工资 5 万元，并按规定的比例 2%、1.5%分别提取职工工会经费和教育经费；支付车间办公费 5 万元，生产耗用前库存原材料 400 万元，辅助材料 50 万元；购买一台车间使用的设备 70.2 万元，该设备预计使用 8 年，无残值；支付广告费 40 万元，支付银行贷款利息 2 万元，支付违约金 15 万元；本月折旧费 50 万元，其中公司管理部门 15 万元，车间 35 万元；本月应交所得税 18 万元，应分配给投资人利润 15 万元。本月产品全部完工，没有在产品。

小王：华经理，公司支出 284.225 万元，费用 598.675 万元，生产成本 553.5 万元。

小赵：华经理，公司支出 284.225 万元，费用 666.025 万元，生产成本 553.5 万元。

问题：你同意谁的结论？为什么？现俩人的计算中，哪些计算是正确的，哪些是不正确的？并分析其原因。你认为公司的支出、费用、成本各是多少？

案例 1-4　娄底铁路局成本会计机构设置

娄底铁路局是负责湘中地区铁路运输生产的企业，其铁路线覆盖娄星、冷江、双峰、涟源、新化五个县市，下设车务、机务、工务、电务、车辆五个站段，广泛分布在铁路线上，属于集团企业。娄底铁路局成本核算采用二级核算制，除路局设置成本核算机构外，基层站段单独设置成本会计机构。

提问：娄底铁路局设置依据、采用的工作方式是什么？

关键知识点

（一）成本会计的概念

成本会计是指运用会计的基本原则和原理，采用一定的技术方法，结合企业具体的生产经营特点，对企业生产经营过程中所发生的各项费用和产品或劳务成本进行连续、系统、全面和综合的核算和监督的一个会计分支。

（二）成本会计的对象

成本会计的对象是成本会计核算和监督的内容，是产品的生产成本。成本会计的对象包括：生产经营业务成本和有关的经营管理费用。工业生产企业、交通运输企业、施工企业、房地产开发企业等都需要进行成本核算。

成本会计与财务会计都是会计，所遵循的原理、原则一样，是会计的一个分支，也是企业管理会计的重要组成部分。

（三）成本会计的任务

根据企业成本管理的要求，成本会计不可能全面地满足企业经营管理的所有要求，而只能在成本会计对象和职能的范围内为企业经营管理提供所需的信息资料，以达到降低成本和费用的目的。因此，成本会计主要有以下四个任务。

1. 正确计算产品成本，及时提供成本信息

计算产品成本是成本管理的最基本的任务，它是完成成本管理其他任务的前提条件。没有产品成本资料，就无法进行成本管理的其他方面的工作。所以，成本管理的首要任务就是要计算出产品的成本，向有关方面提供有关成本的信息。成本计算工作应根据国家的有关规定、制度进行，按照规定的方法计算，使成本资料真实、可靠。

2. 加强成本预测，优化成本决策

成本预测和成本决策是成本管理的重要职能。成本决策应建立在可靠的成本预测基础之上。只有成本预测准确，成本决策才能实现优化。所以，成本预测与优化成本决策是密切联系的，将两者有机地结合起来，可以为企业挖掘降低成本的潜力、提高经济效益服务。

3. 制定目标成本，加强成本控制

目标成本是指企业在一定时期内为保证目标利润的实现而制定的成本控制指标。目标成本一般包括计划成本、定额成本和标准成本三类。制定目标成本的目的是为了进行有效的成本控制。因此，目标成本制定的准确与否，直接关系到成本控制能否达到目的。所以，制定目标成本应根据其特点，采用科学的方法、可靠的数据进行计算，使制定的目标成本先进合理，切实可行，经过努力能够达到。

4. 建立成本责任制，加强成本控制

成本责任制是对企业内部各部门和人员在成本方面的责权利所作的规定。成本责任制的建立，可以提高企业内部各部门以及全体职工努力降低成本的责任心和积极性。在建立成本责任制时，应在划清各部门、各位职工职责的前提下，将成本责任指标按一定的方式进行分解，并具体落实到相关的部门和每位职工。建立成本责任制的核心是要将权责利结合起来，以增强各单位、人员降低成本的责任心和积极性，从而增强企业的活力。

以上四个任务的核心就是：降低成本，提高经济效益。

（四）成本会计的职能

成本会计的职能是指成本会计所具有的功能。成本会计最初的职能是成本核算，以确定产品的价格和经营盈亏。随着社会经济发展和管理水平的提高，现代成本会计的职能至少包括了成本核算、成本分析、成本预测、成本决策、成本计划、成本控制和成本考核这七个方面。

1. 成本核算

成本核算是根据一定的成本计算对象，采用适当的成本计算方法，按规定的成本项目，通过各费用要素的归集和分配，计算出各成本计算对象的总成本和单位成本。通过成本核算可以反映成本计划的完成情况，并为进行成本预测、编制下期成本计划提供可靠的资料，同时也为以后的成本分析和成本考核提供必要的依据。

2. 成本分析

成本分析是利用成本核算等资料与本期计划成本、上年同期实际成本、本企业历史先进成本水平以及国内外同类产品先进成本进行比较，用以揭示产品成本差异并分析产生差异的原因，以便采取相应措施，改进管理，降低耗费，提高经济效益。

3. 成本预测

成本预测是指根据成本的有关数据，以及可能发生的企业内外环境变化和可能采取的各项措施、运用一定的技术方法对未来的成本水平及其发展趋势所做出的科学估计。

4. 成本决策

成本决策是在成本预测的基础上，根据其他有关资料，在若干个与生产经营和成本有关的方案中，选择最优方案以确定目标成本。

5. 成本计划

成本计划是根据成本决策所确定的目标成本，具体规定出在计划期内为完成规定的任务所应达到的水平，并提出为达到规定的成本水平所应采取的各项措施。成本计划是进行成本控制、成本分析和成本考核的依据。

6. 成本控制

成本控制是根据成本计划，对成本发生和形成过程以及影响成本的各种因素进行限制与监督，使之能按预定的计划进行的一种管理活动。通过成本控制可以保证成本目标的实现。成本控制包括事前控制和事中控制。

7. 成本考核

成本考核是定期对成本计划及其有关指标实际完成情况进行总结和评价，以监督和促使企业加强成本管理责任制，履行经济责任，提高成本管理水平。

成本会计的各项职能是相互联系、相互依存的，如图 1-2-1 所示。成本预测是成本决策的前提，成本决策是成本预测的结果，成本计划是成本决策所确定目标的具体化，成本控制是对成本计划实施进行的监督，成本核算是对成本计划是否完成的检验，成本分析是对计划完成与否的原因进行的检查，成本考核则是实现成本计划的重要手段。这七项职能中，成本核算是基础，没有成本核算，其他各项职能都无法进行。

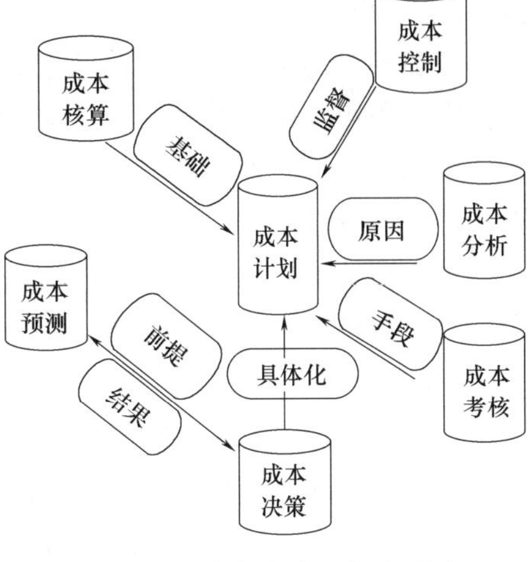

图 1-2-1　成本会计职能关系图

（五）成本会计机构

成本会计机构是企业完成成本核算与管理工作的职能部门。企业应根据生产类型的特点、经营规模的大小、成本管理的要求合理设置。

成本会计机构可以单独设置，也可以并入企业会计机构。无论哪种方式均要注意各部门、人员的职责分工与权限划分。成本会计工作的组织形式有集中工作方式和分散工作方式。

1. 集中工作方式

集中工作方式是将本企业所有的成本会计核算、成本计划编制、成本会计分析等工作集中在企业的成本会计机构中进行，车间等其他部门通常只配备成本核算人员，负责登记原始记录、填制原始凭证，并对原始资料进行初步审核、整理和汇总，及时报送企业成本会计机构。

集中工作方式的优点是有利于企业管理当局及时全面地掌握成本会计的各种信息，便于使用计算机集中进行成本数据处理，减少成本会计机构设置的层次和成本会计人员的人数；不足之处是直接从事生产经营的部门不能及时掌握成本信息，影响他们对成本费用进行控制的积极性。

集中工作方式一般适用于成本会计工作较为简单的企业。

2. 分散工作方式

分散工作方式又称为非集中工作方式，也称二级核算制。企业设置总部级成本会计机构，负责对成本会计工作的指导、监督和成本会计数据的最后汇总，以及处理不便于分散核算的成本会计工作；车间等部门设置车间级会计机构，完成具体的成本计算与核算工作。

分散工作方式的优点是部门掌握信息及时，有利于成本控制；缺点是企业掌握信息不及时，不利于成本数据集中处理，同时增加了机构和人员。

分散工作方式一般适用于成本会计工作较为复杂的大中型企业。

在实际工作中也可以将两种方式相结合，对部分车间部门采用分散工作方式，对其他车间部门采用集中工作方式。

（六）成本会计的人员配备

成本会计人员素质的高低直接影响成本会计的工作质量。企业无论采用何种成本会计工作方式，均要注意合理配置成本会计人员，做到“配齐、胜任”。配备的成本会计人员既要具备与所从事会计工作相适应的专业知识和业务能力，又要做到热爱会计工作、恪守会计职业道德、搞好成本核算，还要懂法守法、熟悉工艺流程、参与成本管理、为成本决策提供咨询。

案例讨论与讲解

案例 1-3　分析参考

小王和小赵均不正确，因为支出是指企业在经济活动中发生的一切开支与耗费，费用包括生产费用和期间费用两类，产品成本是生产费用的对象化，生产费用是计算产品成本的基础，如果企业没有在产品，当期生产费用即为当期完工产品成本。二人计算均有不正确的地方。

公司本期的支出为：

$$100+3.5+10+0.35+5+0.175+5+40+2+15+70.2+18+15=284.225\text{ 万元}$$

两人均正确。

生产费用：100+3.5+400+50+5+0.175+5+35＝598.675 万元

管理费用：10+0.35+15＝25.35 万元　销售费用：40 万元　财务费用：2 万元

营业外支出：15 万元　资本性支出：70.2 万元　所得税支出：18 万元

利润分配支出：15 万元

企业的费用：598.675+25.35+40+2＝666.025 万元

产品成本共计：598.675 万元，没有在产品。

案例 1-4　分析参考

企业会计机构的设置要充分考虑企业的生产特点、管理要求、生产规划大小等因素。

娄底铁路局是一家有多个下级企业的集团公司，各县市设有站点，各站点经营管理业务较多，管理上要求各站点有成本会计核算数据进行单独核算。因此，采用的是集中二级核算分散的混合方式，即除铁路局设置成本核算机构外，基层站段单独设置成本会计机构。

实训

实训 1-2　成本会计机构设置与任务确定

三个人一组，选择你所在地的一家制造企业进行调研，掌握该企业的产品、销售渠道、生产过程、车间设置，并分析是否该设置成本会计机构或成本会计人员，阐述成本会计的任务和职能。

任务三　认知成本会计基础工作与制度的建设

案例引入

案例 1-5　某建筑企业成本制度分析

请大家扫码查阅《建筑企业成本会计管理制度》，并对该制度进行分析。

［文字阅读］
建筑企业成本会计管理制度

关键知识点

（一）成本会计基础工作

1. 健全原始记录

成本会计的原始记录包括材料物资购进、验收、领用与消耗的记录，燃料、动力费用的发生与分配记录，人工费用的发生与分配记录，辅助生产费用的发生与分配记录，制造费用的发生与分配记录，工时消耗记录，半成品转移记录，产品质量检验记录，废品发生与分配记录，产品入库记录，在产品盘存记录，等等。

企业需要制定原始记录制度，确定原始记录的责任人员，明确记录人员的岗位职责规范原始记录的传递程序和传递时限，保证原始记录真实、可靠、正确、及时。

2. 健全存货的计量、验收、领退和盘点制度

存货的计量、验收、领退和盘点制度不仅包括存货的计量、验收、领退、盘点的制度，还包括计量器具的配置、检测和校正制度，财产物资的出入库手续制度，有关责任人员的岗位责任制度及财产物资的清查制度等。

3. 实施有效的定额管理

定额主要有生产工时定额、产品产量定额、材料单耗定额、费用开支定额、资金管

理定额等。定额的制定要体现先进性、科学性、可控性、可行性的要求，并根据企业生产经营条件的变动、经营管理水平的提高、生产工艺技术的改进，适时进行修订，真正起到定额的作用。

4. 建立适合企业内部的结算价格

对企业内部各单位、各部门之间发生财产物资的转移和劳务的供应等，可以在合理确定内部结算价格的基础上进行内部结算，计算内部各单位、各部门的经营业绩。采取内部结算方式，可以方便成本费用的核算工作，但由于内部结算价格背离了材料、物资、劳务的实际成本，必须在月末采用一定的方法，对内部结算价格与实际成本之间的差异进行调整，保证产品成本和期间费用核算的正确性。

（二）完善企业成本制度

应当制定适合本企业经营规模、生产特点、管理要求的内部成本会计制度，作为企业进行成本会计工作的操作依据。

具体包括：成本会计组织制度、核算制度、计量验收制度、定额管理制度、岗位责任制、考勤制度、质量检查制度、设备管理和维修制度、材料收发领用制度、物资盘存制度、费用开支规定、成本预测决策考核与分析制度、成本报表制度。

案例讨论与讲解

案例 1-5　分析参考

该成本会计制度包括两个制度：分步成本管理制度和成本费用核算与管理办法。

1. 分步成本管理制度

本制度从以下几个方面进行了成本制度设计。

（1）总则：成本机构、成本计算方法、成本计算期、成本项目。

（2）材料：对领购、保管、收发及相应票据传递、账务处理、计入成本的方式进行了规定。

（3）人工：对人工内容、计入成本的方式、账务处理进行了规定。

（4）制造费用：对产品内容、计入方式、账务处理进行了规定。

（5）成本计算与记账上报：对时间、账表格式等进行了规定。

2. 成本费用核算与管理办法

本办法从以下几个方面进行了成本核算与管理。

（1）总则。

（2）成本费用管理责任制。

（3）成本费用开支范围。

（4）成本费用预测、计划与控制。

（5）成本费用核算。

（6）成本费用考核与分析。

（7）成本费用报表。

（8）监督与制裁。

实训

实训 1-3　成本会计基础工作调研

三个人一组，进入某制造企业进行调研，了解该企业的成本会计基础工作情况并撰写调研报告。

项目综合实训

陈雪芬和赵一一同学在讨论华老师给出的关于支出、费用、生产费用、产品成本的案例。陈雪芬同学认为案例中该月份的支出总额为 2316 万元，费用应为 1099 万元，生产费用为 858.5 万元，产品成本为 858.5 万元。赵一一同学认为陈雪芬同学说的结果都不对。以下是该案例的详细资料：

华达机械公司 8 月份购买了一台设备，支出 100 万元，为购买该设备支付增值税 17 万元，该设备预计使用 10 年，无残值；支付公司行政人员工资 60 万元，计提了福利费 8.4 万元，还提取了工会经费、教育经费 2.1 万元；支付公司办公等费用 20 万元；支付本月生产工人工资 200 万元，生产管理人员工资 20 万元，并按规定比例提取了职工福利费，工会经费和教育经费；支付广告费 100 万元；销售产品差旅费 10 万元；支付运动会赞助费 40 万元，行政罚款 20 万元；本月折旧费 100 万元，其中公司管理部门 30 万元，车间 70 万元；本月应交所得税 40 万元；应分配给投资人利润 40 万元；生产领用材料 610 万元；购买材料 1000 万元。

请根据案例回答下列问题。

1. 你认为陈雪芬同学计算的数据结果对吗？（　　）

A. 支出总额正确　　B. 费用总额正确

C. 生产费用和产品成本正确　　D. 都不对

2. 案例中的各项费用中，计入产品成本的是（　　）。

A. 营业费用　　B. 制造费用　　C. 销售费用　　D. 管理费用

3. 案例中的各项支出中可以列入产品成本的开支是（　　）。

A. 购置和建造固定资产的支出　　B. 分配给投资人的利润

C. 生产人员工资　　D. 企业行政管理部门发生的费用

4. 该月份的管理费用总额为（　　）万元。

A. 120.5　　B. 90.5　　C. 100.5　　D. 110

5. 该月份的支出总额为（　　）万元。

A. 2316　　B. 1716　　C. 1636　　D. 1316

6. 该月份的费用总额为（　　）万元。

A. 1169　　B. 1159　　C. 1099　　D. 1199

7. 该月份的生产费用为（　　）万元。

A. 858.5　　B. 928.5　　C. 328.5　　D. 1199

8. 该月份的产品成本为（　　）万元。

A. 858.5　　B. 928.5　　C. 328.5　　D. 1199

项目二 认知产品成本核算

知识目标

学习和把握工业企业生产类型、产品成本核算对象与方法、影响成本核算方法选择的因素、成本核算的原则和要求等陈述性知识；能用其指导相关认知活动。

技能目标

具有运用企业生产类型和管理特点、企业具体情景选择合适的成本核算方法的能力；具有根据确定的成本核算方法进行账户设置的能力。

思政目标

树立收益与成本概念，培养成本观念。

任务一 认知产品生产流程与类型

[微课]
认知产品生产
流程与类型

案例引入

案例 2-1 课桌的生产流程

①课桌设计→②选取金属材料→③按图纸要求截取金属材料→④冲孔→⑤折弯→⑥打砂→⑦焊接，磨滑表面→⑧高温自动喷涂油漆→⑨裁剪桌面板材→⑩对板材进行防火等封边处理→⑪安装→⑫检验→⑬包装。

要求：

（1）请对案例中的生产流程进行分析。

（2）你还可以列举哪些生产流程？试绘制生产流程图，如图 2-1-1、图 2-1-2 所示。

关键知识点

（一）产品生产流程

产品生产流程，又叫工艺流程或加工流程，是指在生产工艺中，从原料投入到成品产出，通过一定的设备按顺序连续地进行加工的过程。产品生产流程也指产品从原材料

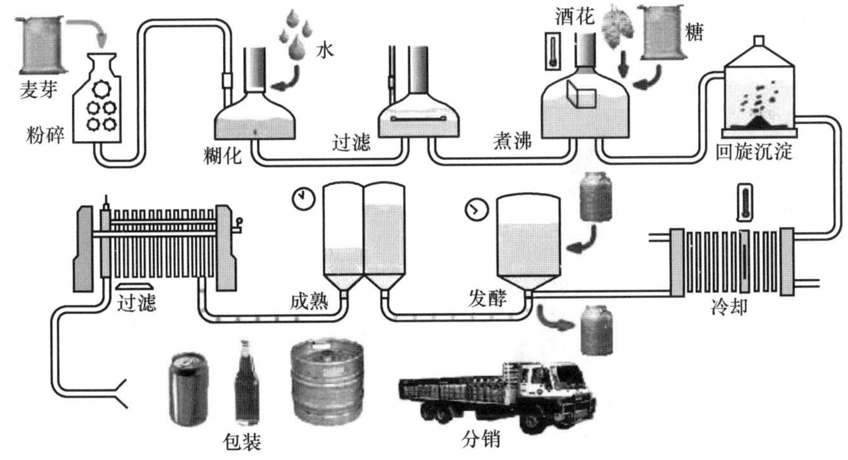

图 2-1-1　啤酒生产流程

味精生产工艺流程（按产品形成过程）

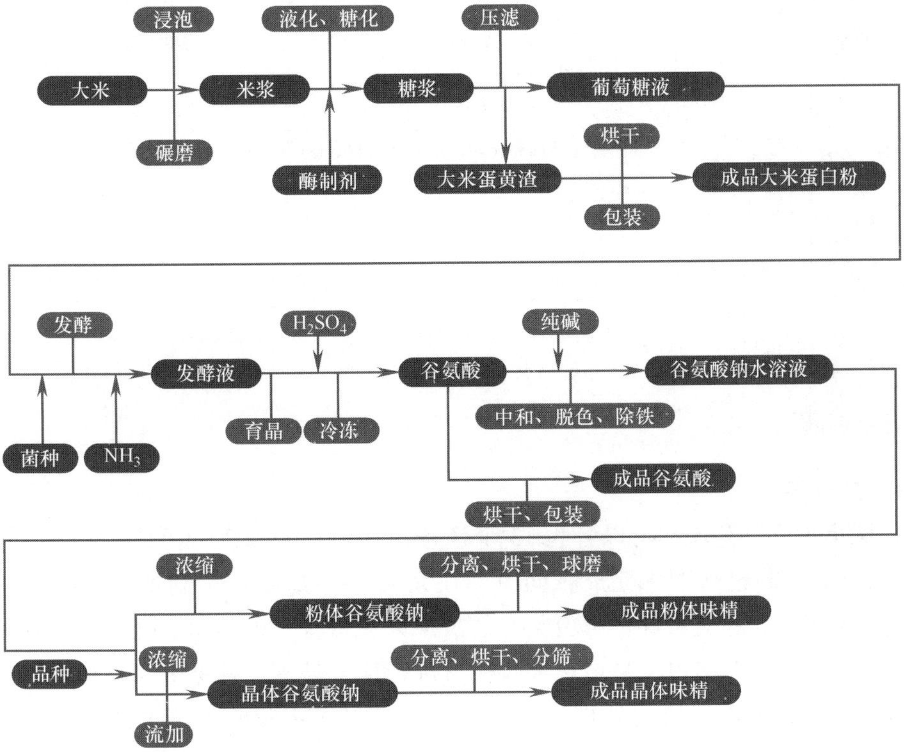

鸡精生产工艺过程（按工艺过程）

图 2-1-2　味精鸡精生产流程

到成品的制作过程中要素的组合。

（二）工业企业生产流程

工业企业生产流程可以按生产组织的特点和生产工艺过程的特点进行分类（图 2-1-3、图 2-1-4）。按生产工艺过程可以分为单步骤生产流程和多步骤生产流程。

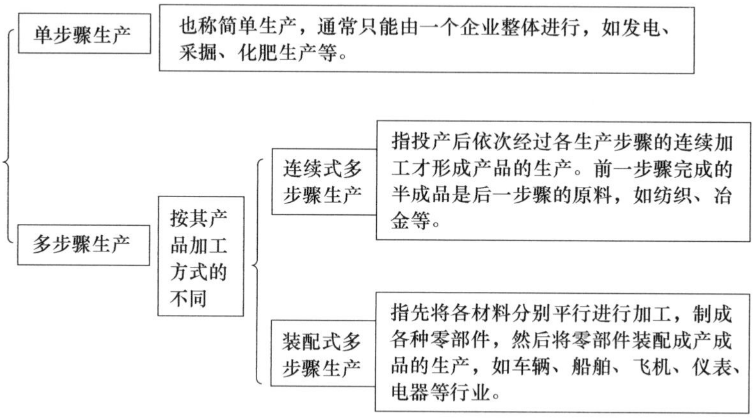

图 2-1-3　按生产工艺过程分类

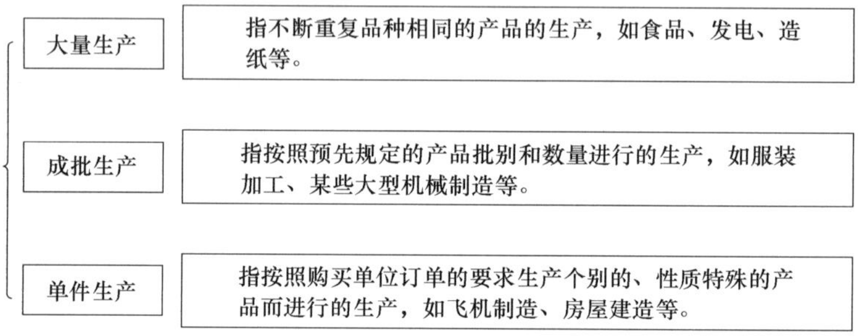

图 2-1-4　按生产组织特点分类

案例讨论与讲解

案例 2-1　分析参考

（1）课桌生产工艺流程可以分为 13 个任务。其中，任务①~⑧必须顺序完成，任务⑨~⑩、任务⑪~⑬也须顺序完成，同时，在完成任务①~⑧时可同时完成任务⑨~⑩，然后利用任务①~⑧的成果和任务⑨~⑩的成果来完成任务⑪~⑬。任务①~⑧是对金属材料进行加工处理，任务⑨~⑩是对木质板材进行加工处理，任务⑪~⑬则是将加工好的金属材料和木质板材进行组装处理。这是一种大批量多步骤的生产方式，可以按订单要求分批生产，也可以厂家自主设计产品进行大量生产。

（2）生产流程图略。

实训

实训 2-1　分组讨论

飞机、轮船又是怎样生产的呢？能一次生产很多架飞机或轮船吗？

任务二　选择成本核算方法

［微课］
选择成本核算方法

案例引入

案例 2-2　娄职服装加工厂成本计算对象和方法的确定

娄职服装加工厂既对外承接服装加工业务又自主设计产品，对外承接业务通过签订合同的方式完成销售；自主设计产品主要是加工化工企业的各种工作服，通过市场营销卖往全国各地。加工过程为下料到裁剪车间→缝纫车间→熨烫整理车间→产成品入库。娄职服装加工厂设有一个机修辅助车间。加工厂实行集中核算制，不核算半成品成本，不设半成品库。

提问：

（1）如何确定娄职服装加工厂的成本对象？

（2）如何确定娄职服装加工厂的核算方法？

（3）娄职服装加工厂的成本核算方法为什么要选择品种法？

关键知识点

（一）生产类型

1. 按生产工艺过程的特点分类

按照生产工艺过程的特点，可以分为单步骤生产和多步骤生产两种类型。

单步骤生产也称简单生产，通常只能由一个企业整体进行，如发电、采掘、化肥生产等。

多步骤生产按其产品加工方式的不同，又可以分为连续式多步骤生产和装配式多步骤生产，如冶金、纺织、造纸、机床制造、汽车制造、仪表制造等。

2. 按生产组织的特点分类

按照生产组织的特点可以分为大量生产、成批生产和单件生产三种类型。

大量生产，是指不断重复品种相同的产品的生产，如食品、发电、造纸等。

成批生产，是指按照预先规定的产品批别和数量进行的生产，如服装加工、某些大型机械制造等。

单件生产，是指按照购买单位订单的要求生产个别的、性质特殊的产品而进行的生产，如飞机制造、房屋建造等。

（二）产品成本计算对象

产品成本计算对象是指计算产品成本过程中，确定归集与分配生产费用的承担客体，即费用的承受者。

产品成本计算对象根据生产类型，结合成本管理的要求来确定。分批生产或单件生产企业，成本计算对象为每批产品。大批量单步骤生产企业，成本计算对象为每种产品。大批量多步骤生产企业，成本计算对象为各加工步骤的半成品及每种产品，如果管理者不要求了解每一步骤的成本，则成本计算对象为每种产品。

（三）产品成本核算方法

产品成本核算的主要方法有：品种法、分批法和分步法。

产品成本核算的辅助方法有：分类法、定额法、作业成本法。辅助方法一般配合主要方法使用。

1. 品种法

品种法是以产品品种作为成本计算对象的一种成本计算方法。品种法是产品成本核算方法中最基本的方法。

品种法以产品品种作为成本计算对象：成本计算期与会计报告期一致，即按月定期计算产品成本；月末一般有完工产品和在产品，需在完工产品和在产品之间进行成本分配；以“产品品种”为主要对象进行成本分析。

品种法适用于大批量单步骤生产的企业。对于大批量多步骤生产类型的企业或车间，成本管理上不要求按照各生产步骤计算产品成本，也可以采用品种法计算产品成本，如发电厂、制砖厂、糖果厂等企业。

2. 分批法

分批法是以产品批别作为成本计算对象的一种成本计算方法。

分批法以产品的批别（定单或生产通知单等）为成本计算对象；每完工一批则计算一批产品成本，产品成本计算期不固定，即成本计算期与生产周期相同，而与会计报告期不一致；一般不需要计算期末在产品成本；以“产品批别”为主要对象进行成本分析。

分批法适用于单件、小批量生产企业，如船舶制造、重型机械制造、服装加工、印刷等企业。

3. 分步法

分步法是按照产品的生产步骤归集生产费用、计算各步骤半成品和最后产成品成本的一种方法。

分步法以各个加工步骤的各种产品作为成本计算对象，按步骤计算产品成本；产品成本计算期与会计报告期一致，即按月份进行；月末一般有完工产品和在产品，生产成本需在完工产品与在产品之间分配；以“产品的步骤或生产车间”为主要对象进行成本分析。

分步法适用于大批量、多步骤、多阶段生产的企业，且成本管理上要求按照生产阶段、步骤或车间计算产品成本，如冶金、纺织、机械制造等企业。

4. 分类法

分类法是为了适应一些企业产品的品种规格繁多、成本核算工作量繁重的情况而设计的一种简化成本计算方法。分类法以产品类别为成本计算对象，将生产费用先按产品的类别进行归集，计算各类产品成本，再按照一定的分配标准在类内各种产品之间分配，来计算各种产品的成本。

分类法主要适用于产品的品种规格多，但每类产品的结构、所用原材料、生产工艺过程都基本相同的企业。

5. 定额法

定额法是定额管理基础较好的企业为了加强生产费用和产品成本的定额管理，加强成本控制而采用的成本计算方法。

定额法以产品的定额成本为基础，加上或减去脱离定额差异以及定额变动差异来计算产品的实际成本。

定额法适用于管理制度比较健全、定额管理基础工作比较好的企业。

6. 作业成本法

作业成本法（ABC 法）是一种不按传统的方法将制造费用等间接费用进行归集和分配（以车间为费用归集和分配对象），而是以“作业”为费用进行归集和分配的方法。

众所周知，产品消耗作业，作业消耗资源，生产费用应根据其发生的原因，汇集到作业，并计算出作业成本，再按产品生产所消耗的作业量，将作业成本计入产品成本。

作业成本法只是间接费用的一种分配方法，因此，企业实际上还要结合其他基本核算方法共同使用。

（四）成本核算方法选择的影响因素

成本核算方法的选择需综合考虑企业的生产特点、管理要求等方面。

1. 生产特点对成本核算方法选择的影响（表 2-2-1）

生产特点对成本核算方法选择的影响需考虑生产特点对成本计算对象的确定、生产费用计入产品成本的程序、成本计算期的确定，以及生产成本在完工产品与在产品之间的分配方法等方面的影响。

表 2-2-1 生产特点对成本核算方法选择的影响

生产特点	成本计算对象	生产费用计入产品成本的程序	成本计算期	生产成本需不需要在完工产品的在产品之间分配
大批量单步骤生产	品种	直接耗用，直接计入；共同耗用，分配计入	月	需分配
大批量多步骤生产	加工步骤/半成品	各步骤之间分配和转移	月	需分配
单件、小批生产	订单/批次	单独耗用，直接计入；共同耗用，分配计入	生产周期	不需分配

2. 管理要求对成本核算方法选择的影响

生产成本管理要求一般有：是否要求提供半成品成本、是否要求分步计算成本。

单步骤生产或多步骤生产在管理上不要求分步骤计算成本，以品种或批别为成本计算对象，归集和计算完工产品成本，这种情况比较适合采用品种法或分批法。如果管理上要求分步计算成本，则以生产步骤为成本计算对象，采用分步法。

大批量多步骤生产，管理上要求提供半成品成本，以各步骤半成品和最后步骤产成品为成本计算对象，归集和计算完工产品成本，这种情况比较适合采用分步法；管理上不要求提供半成品成本的、各车间不进行独立核算的，以最终产品为成本计算对象，适合采用品种法。

案例讨论与讲解

案例 2-2 分析参考

（1）荄职服装加工厂对外承接服装加工部分，以签订合同的批别为成本计算对象，常年加工化工企业工作服部分，以工作服的品种或工作服的生产步骤为成本计算对象。

（2）企业成本核算方法的选择要考虑两个因素，即产品的生产特点、成本管理的要求。

娄职服装加工厂对外承接服装加工部分：以签订合同的批别为成本计算对象，采用分批法核算产品成本，以服装加工期为成本计算期，月末一般不存在完工产品与在产品分配问题，待产品完工时结转成本并交货。

常年加工化工企业工作服部分：可以以工作服的品种或工作服的生产步骤为成本计算对象，半成品具有独立经济意义，企业管理上不要求核算半成品，所以，以工作服的品种为成本计算对象，采用品种法核算产品成本，以会计期（月份）为成本计算期，月末一般存在完工产品与在产品分配问题，将计算出的完工产品结转。

（3）根据加工化工企业四种工作服的生产特点，可以以工作服的品种或四种工作服的生产步骤为成本计算对象，采用品种法或分步法核算，但根据企业管理要求，服装在生产过程中半成品不具有独立经济意义，所以半成品不核算，这种情况下，企业没有必要再以四种工作服的生产步骤为成本计算对象，而直接以工作服的品种为计算对象就可以满足要求。所以，综合两个因素，企业采用品种法核算产品成本。

实训

实训 2-2　南车汽车配件厂的成本核算方法的选择

南车汽车配件厂主要生产与北京牌轿车配套的 A 型前驱轴和 B 型前驱轴两种产品，产品通过年初签订定向销售合同，直接销售给南车汽车股份公司。企业注册资金 8000 万元，全厂职工 300 人。产品生产步骤为：下料与清洗→初加工与热处理→打磨与精加工→组装→检验。工厂设有 1 个辅助生产车间。根据市场行情，厂部认为成本控制是企业的重要任务。

提问：该企业成本核算应选择哪种方法？并说明原因。

任务三　熟悉成本核算的原则与要求

［微课］

成本核算的原则与要求

案例引入

案例 2-3　华修化工公司生产费用的确定

华修化工公司期末材料汇总表显示：①基本生产车间领用淀粉 2 万元，②基本生产车间领用磺胺类化工原料 2. 2 万元，③工人领用工作服 1000 元，④工人领用老虎钳 400 元；⑤期末工资汇总表显示：基本生产车间工人工资 14 万元，车间技术人员工资 2. 2 万元，车间主任工资 1 万元；⑥车间排污不符合环保要求，支付环保罚款 2400 元；⑦生产工人违纪收缴罚款 800 元。

要求：分项计算该化工公司本月生产费用。

案例 2-4　会计思政：发票报销是否正确

2020 年黄林大学毕业应聘到一家制造公司从事出纳工作。4 月份黄林在办理报销工作中，发现采购员赵科送来报销的 4 张由购货方开具的发票有更改现象：其中 2 张发票分别更改了数量和用途，另外 1 张发票更改了金额，还有 1 张更改了发票时间；该 4 张发票的更改处均盖有本公司采购中心的业务印章。尽管黄林开始犹豫了一下，但考虑到 4 张发票已经由公司总经理、财务部长签字同意，最后均予以报销。

提问：黄林的做法是否正确？

关键知识点

（一）成本核算的原则

成本核算的原则是进行成本核算应当遵循的规范，是成本核算方法运用的基础和依据。同时，成本核算是企业会计工作的重要组成部分，其遵循的核算原则与会计原则大部分相同。成本核算应遵循以下原则。

1. 对应会计质量要求的原则

（1）合法性原则。合法性原则是指计入产品成本的费用必须符合国家法律、法规和制度的规定。例如，国家规定的产品成本开支范围是企业计算产品成本的重要依据，凡是不符合规定的费用一律不能计入产品成本。

（2）可靠性原则。可靠性原则包括真实性和可靠性两个方面。真实性是指核算出的成本数据与客观的经济事项相一致，不存在虚假数据或人为提高、降低成本的成分；可靠性原则是指同一成本核算资料按相同的原则和方法由不同成本会计人员计算，得出的结果应该相同，具有可验证性。

（3）一致性原则。企业在进行成本计算时，一般应根据企业的生产特点和管理要求，选择不同的成本计算方法进行成本计算。产品成本计算方法一经确定，没有特殊的情况，不应经常变动，以便于各期计算出来的成本资料进行比较。如情况特殊、确实改变原有的成本核算方法的，应在有关的会计报表和报告中加以说明，并对对比的原成本信息中的有关数字进行必要的调整。

（4）重要性原则。成本核算时，要考虑成本核算带来的效益与所花费的代价之间的关系。主要产品、主要费用应采用比较详细的方法进行计算分配，对次要的产品和费用则采用简化的方法（如合并处理等）进行成本计算分配。

2. 对应会计分期假设的原则

对应会计分期假设的原则即成本分期核算原则。企业生产经营活动是连续不断地进行的，为了取得一定期间所生产产品的成本，企业必须将其生产经营活动划分为若干个相等的成本计价期间，分别计算各期产品的成本。

3. 对应会计基础的原则

对应会计基础的原则，即权责发生制原则。权责发生制原则是指费用发生时，按责、权进行确认与记录，正确划分当期与他期费用。

4. 实际成本核算原则

实际成本核算原则也称为历史成本计价原则。它表明：对生产所耗用的原材料、燃料及动力都要按实际成本计价；对固定资产折旧必须按原始价值和规定使用年限计算；对产成品成本按实际成本计价。财务会计中规定可以使用计划成本核算的项目，在成本核算中也可以使用，但需对实际成本与计划成本的差额进行差异处理，产品的最终成本以实际成本入账。

（二）成本核算的要求

成本核算过程实际上是费用的归集与分配的过程，要做好成本核算工作，需做好成本费用的整理、归集与分配，因此，需满足以下要求。

1. 对生产经营费用进行合理分类

生产经营过程中发生的各项费用，称为生产经营费用，也可简称为成本费用。为便于合理地确认和计量成本费用，正确地计算产品成本，应恰当地对生产经营费用进行合理分类。分类标准有经济内容、经济用途等。

（1）生产经营费用按经济内容分类。生产经营费用按经济内容分类，可以分为物化劳动费用和活劳动费用，即包括：劳动对象消耗的费用、劳动手段消耗的费用以及活劳动消耗的费用。具体可分为以下八项内容。

① 外购材料：企业耗用的从企业外部购入的原材料及主要材料、半成品、辅助材料、包装物、修理用备件、低值易耗品等。

② 外购燃料：企业耗用的从外部购入的各种燃料，包括固体燃料、液体燃料和气体燃料。

③ 外购动力：企业耗用的从外部购入的各种动力，包括热力、电力和蒸汽等。

④ 职工薪酬：企业应计入生产经营费用的职工工资，以及企业按照工资总额的一定比例计提并计入的各项费用。

⑤ 固定资产折旧费、修理费（包括租金）：企业所控制的固定资产按照使用情况计提的折旧费和保证固定资产正常运行的修理费等。

⑥ 利息支出：企业计入期间费用的负债利息净支出（即利息支出减去利息收入后的余额）。

⑦ 税金：计入企业成本费用的各种税金，如印花税、房产税、车船使用税和土地使用税等。

⑧ 其他费用。不属于以上各项费用要素的其他费用，如办公费、差旅费等。

以上这些费用分类相当于企业花钱购买了这些物品或活劳动，也就相当于企业生产经营活动的各项投入。

（2）生产经营费用按经济用途分类（图 2-3-1）。生产经营费用按照经济用途进行分类，首先要将企业发生的生产经营费用划分为应计入产品成本和不应计入产品成本两大类，即生产费用和期间费用。

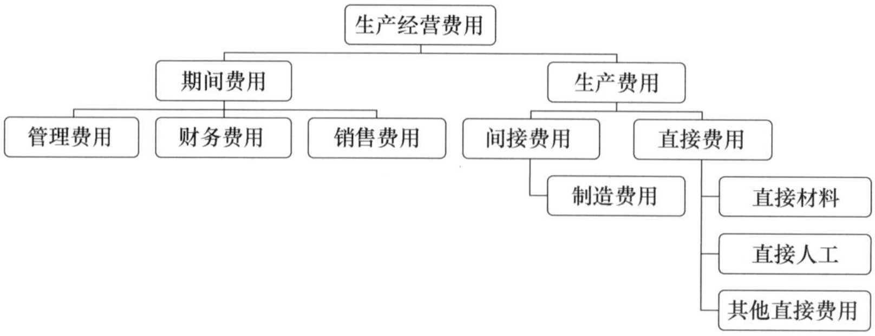

图 2-3-1　生产经营费用按经济用途分类

对于不应计入产品成本的费用，再进一步划分为管理费用、财务费用和销售费用。这些费用项目不能计入产品成本，应由当期损益负担，在会计上称为期间费用。主要包括：行政管理部门为组织和管理生产经营活动而发生的管理费用，为筹集资金而发生的财务费用，为销售商品而发生的销售费用。

对于应计入产品成本的费用，再进一步划分为直接费用和间接费用。直接费用包括直接材料、直接人工和其他直接费用，间接费用指制造费用，这些项目作为产品成本构成内容，在会计上称为成本项目。成本项目的设置，企业应根据生产特点和管理要求进行，在进行成本核算过程中一般应设置以下成本项目。

① 直接材料：直接用于产品生产，构成产品实体的原料及主要材料、外购半成品(外购件)、修理用备件（备品配件)、包装物和有助于产品形成的辅助材料、燃料以及其他直接材料。

② 直接人工：企业在生产产品和提供劳务过程中，直接从事产品生产的工人工资以及按生产工人工资总额和规定的比例计算的教育经费、工会经费、各种保险费及住房公积金等。

③ 制造费用：企业为生产产品而发生的各项间接费用，包括车间管理工人工资薪酬、车间固定资产折旧费、修理费、办公费、水电费、机物料消耗、劳动保护费、季节性和修理期间的停工损失等，但不包括企业行政管理部门为组织和管理生产经营活动而发生的管理费用等。

需要说明的是，企业可根据管理需要对成本项目进行适当调整，如燃料与动力费用耗用较多时，可将“燃料与动力”单设一个成本项目等。

其实生产经营费用按经济用途分类，是企业花钱买了这些物品或活劳动回来都分给了哪些部门或产品，然后按“谁受益，谁承担”的原则将费用分配给这些部门或产品承担，相当于企业的产出。

（3）生产费用的其他分类。对于企业发生的生产费用，还有以下两种分类。

① 生产费用按与生产工艺的关系分类。计入产品成本的各项生产费用，按与生产工艺的关系，可以分为直接生产费用和间接生产费用。直接生产费用是指由于生产工艺本身引起的、直接用于产品生产的各项费用，如生产领用材料费用、生产工人工资和生产设备折旧费等。间接生产费用是指与生产工艺没有联系，间接用于产品生产的各项费用，如机物料消耗、辅助生产工人工资、车间厂房折旧费等。

② 生产费用按计入产品成本的方法分类。计入产品成本的各项生产费用，按计入产品成本的方法，可以分为直接计入费用（称为直接费用）和间接计入费用（称为间接费用)。直接费用是指可以分清由哪种产品所耗用、可以直接计入某种产品成本的费用。间接费用是指不能分清由哪种产品所耗用、不能直接计入某种产品成本，而必须按照一定标准分配计入有关的各种产品成本的费用。

2. 正确划分各种费用界限

在“任务一　认知产品成本”中我们已经学习并能划分支出、费用、成本的界限，及支出、费用、成本的主要内容和关系，我们在进行成本核算时，须根据受益原则，按“谁受益谁负担，何时受益何时负担，负担费用应与受益程度成正比”的方式正确划分各种费用的界限，以便正确计算成本。需要划分的界限有以下几种。

（1）正确划分支出是否计入成本费用的界限。具体内容见“任务一　认知产品成本”。

（2）正确划分生产费用和期间费用的界限。防止混淆两者界限，借以调节各期产品成本与各期损益。为生产一定种类和数量的产品而发生的材料、人工等生产性支出，计入产品成本，属生产费用。为销售产品、管理和组织生产经营、筹集资金而发生的费用计入期间费用。

（3）正确划分各个会计期间的生产费用界限。分清本期和他期的费用，防止出现任意列支成本、人为调节各期间成本。

（4）正确划分不同产品的生产费用界限。生产费用在各品种间的划分，由几种产品共同耗用的应选择合理的分配方法在不同产品间分配。目的是便于分析和考核不同产品成本计划的执行情况，正确反映各种产品的成本水平。

（5）正确划分完工产品和在产品的费用界限。会计期末需计算某种产品的完工产品、在产品成本，以正确确定库存商品成本。

3. 正确确定财产物资的计价与价值结转的方法

（1）直接消耗物资的计价与价值结转。直接消耗物资计价与价值结转主要是企业在生产经营过程中耗用的原材料、辅助材料、燃料、包装物的计价与价值结转等。如材料按实际成本计价时发出的材料的计价方法、材料按计算成本计价时材料成本差异率的种类、低值易耗品、包装物的价值摊销方法等。

（2）间接消耗物资的计价与价值结转。间接消耗物资计价与价值结转主要是为企业生产经营服务的劳动资料及其他长期资产（如固定资产、无形资产）的计价与价值结转等。如固定资产原值的确定方法、折旧的计算方法、折旧率存货实际成本的确定等。

4. 做好成本核算的基础工作

为了保证成本费用核算的正确，以便加强成本费用的管理，提供真实可靠的成本会计信息，必须做好成本核算的基础工作。具体内容见知识点“任务三　认知成本会计基础工作与制度建设”。

案例讨论与讲解

案例 2-3　分析参考

生产费用各成本项目中：

直接材料 4.2 万元（2 万+2.2 万）

直接人工 14 万元

制造费用 3.34 万元（0.1 万+0.04 万+2.2 万+1 万）

支付环保罚款和收缴违纪罚款不属于成本费用范围。

华修化工公司本月生产费用是：

2 万+2.2 万+0.1 万+0.04 万+14 万+2.2 万+1 万=21.54 万元

案例 2-4　分析参考

黄林对 4 张更改的发票予以报销的做法不符合规定。健全的原始记录包括材料物资购进凭证的真实、完整。会计制度规定：原始凭证所记载的各项内容均不得涂改；原始凭证记载的内容有错误的，应当由开具单位重开或更正，更正工作须由原始凭证出具单位进行，并在更正处加盖单位印章，对更改了金额的发票应予以退回，应当由出具单位重开。

同时，我们还分析出案例中黄林的这一操作过程中体现出的错误观点：领导签字，我也签。这一观点不符合会计职业道德规范中的“坚持准则”。会计职业道德要求会计人员“坚持准则”，始终坚持按法律、法规和国家统一的会计制度的要求进行会计核算，实施会计监督。

实训

实训 2-3　饮料店的盈亏

李永林大学期间自主创业，筹资 10 万元（贷款 5 万元，贷款利率 6%，自筹资金 5 万元），在学校附近租用一个店面，租期 5 年，开办一家饮料店，店面装修 3 万元，支付一年店面租金 1.2 万元。经营之初，店面雇用 1 名营业员（月工资 2000 元），购买 2 万元饮料耗材，发生进货费用 100 元，发生的其他各项管理费用 200 元，支付促销费用 800 元。本月份营业收入 9500 元，饮料的成本为 6000 元。李永林一算账，认为自己盈利 280 元，初战有点成绩，又不放心自己的计算，找来做会计的朋友小赵再算一算，结果亏损 70 元。

提问：饮料店为什么由盈利变成了亏损？按照成本核算要求的理论回答。

任务四　设计成本核算的基本程序和主要会计账户

［微课］

成本核算的程序与账户

案例引入

案例 2-5　彩华织袜厂成本核算账户设置

彩华织袜厂生产男袜、女袜、儿童袜三个类别系列产品，每个系列有四个品牌，设有 4 个基本生产车间，即织袜车间、缝头车间、定型车间、包装车间，逐步完成产品生产；设有 2 个辅助生产车间，即：机修车间（负责对全厂机器设备的维修），配电车间（负责接受外来电源、厂内供给用电及电器的维修）。

该厂实行财务集中核算制；成本核算 1 人，负责产品成本原始凭证汇总、费用归集分配及成本计算。

提问：该企业成本核算应选择哪种方法？并说明原因。企业成本核算应选择哪种账页格式，设置哪些成本明细账？企业成本核算的具体要求是什么？

关键知识点

（一）成本核算的基本程序（图 2-4-1）

成本核算的基本程序是对生产过程中的各项支出进行分类核算，将生产过程中的费用要素进行归集和分配，计算出完工产品成本的过程。主要包括：①确定成本计算对象；②确定成本项目；③确定成本计算期；④审核生产费用；⑤归集分配生产费用；⑥计算完工产品成本。

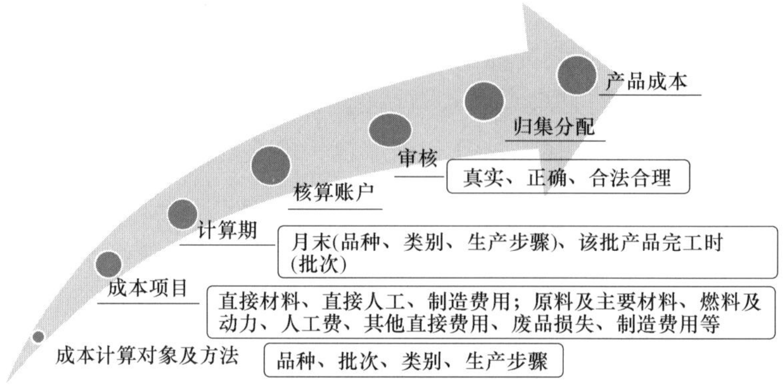

图 2-4-1　成本核算的基本程序

1. 确定成本计算对象和方法

成本核算前应根据企业的生产特点和成本管理要求确定成本计算对象和成本核算方法。

对大批量生产的产品，通常以产品品种作为产品成本计算对象，采用品种法核算；对按小批或单件组织生产的产品，通常按产品的生产批次作为产品成本计算对象，采用分批法核算；对产品生产步骤较多，又需要计算每一生产步骤半成品成本的产品，则可以产品的生产步骤作为产品成本计算对象，采用分步法核算成本；对生产过程相同、生产工艺相近的同类产品，还可以按产品的类别作为产品成本计算，采用分类法和品种法结合的方式进行成本核算。

2. 确定成本项目

产品成本项目一般分为三个项目：直接材料、直接人工和制造费用。也可以按照成本管理的需要，将成本项目分为原料及主要材料、燃料及动力、人工费、废品损失、停工损失、制造费用等项目。

3. 确定成本计算期

不同的成本核算方法对应着不同的成本计算期。当企业按产品品种、产品生产步骤、产品生产类别作为成本计算对象时，产品成本的计算期通常与会计期间相同，即在每月月末计算产品成本。当企业按产品的生产批别作为产品成本计算对象时，产品成本的计算期则与该批产品的生产周期相同，即在该批产品完工时计算产品成本。

4. 设置成本核算账户

在确定成本核算对象与方法、成本项目与成本计算期的基础上，设置成本核算账户。如何设置成本核算账户，见“任务二　成本核算应用的主要会计账户”。

5. 审核生产费用

审核生产费用是指对发生的生产费用进行审查与核实，审核生产费用是否客观真实。

合法合理、正确无误，是否属于产品成本的开支范围，是否符合产品成本的开支标准，以保证产品成本计算的真实准确。

对审核无误的生产费用要按产品成本计算对象进行归集，并按其经济用途分别计入各个成本项目之中。

6. 归集和分配各项费用要素

将审核无误的各项生产费用要素，按产品成本计算对象进行归集，并按其经济用途分别计入各个成本项目之中。

归集和分配生产费用的原则是谁受益，谁承担。归集和分配生产费用的方法是：发生时能分清成本对象的，直接计入，不能分清成本对象的，则按一定方法分配计入，发生的各项间接费用先计入辅助项目，如计入制造费用或辅助生产成本，待产品完工或月末时再进行分配。

7. 计算月末完工产品成本和在产品成本

产品成本计算期要按规定计算当期完工产品总成本与单位成本。如果产品成本计算期末，本期生产的产品已全部完工，则在成本计算期内所归集的生产费用就是完工产品的总成本；如果到了产品成本计算期末，还有部分产品尚未完工而存在月末在产品，则要运用一定的方法将所归集的生产费用在完工产品与月末在产品之间进行分配，先计算出月末在产品应负担的生产费用，作为月末在产品成本，再确定本期完工产品应负担的生产费用，作为完工产品的总成本。

（二）成本核算应用的主要会计账户

根据上述程序进行成本核算，需要设置成本核算账户，以便归集和分配各项费用要素、辅助生产费用和制造费用，并进行成本计算。应设置的账户主要有以下四个。

1. “生产成本”账户

“生产成本”账户用来核算企业进行产品生产（包括完工产品、自制半成品生产和提供劳务等）、自制材料、自制工具、自制设备等所发生的各项生产费用。

“生产成本”账户下设“基本生产成本”和“辅助生产成本”两个二级账户，分别用来核算企业发生的基本生产成本与辅助生产成本。对于生产规模较大、业务量较多的企业，为了核算方便，企业根据需要，也可以将“基本生产成本”和“辅助生产成本”设为一级账户。

（1）“基本生产成本”账户。基本生产是指为完成企业主要生产目的而进行的产品生产。为了归集生产所发生的各种生产费用，计算基本生产产品成本，应设置“基本生产成本”账户。该账户借方登记企业为进行基本生产而发生的各种费用；贷方登记转出的完工入库的产品成本；“余额在借方”表示基本生产的在产品成本，即基本生产在产品占用的资金。“基本生产成本”账户应按产品品种或产品批别、生产步骤等成本计算对象设置产品成本明细分类账。生产成本明细账采用多栏式账页，其基本格式见表 2-4-1。在实际工作中还有成本计算单，其基本格式见表 2-4-2。采用多栏式账页，借方发生额外用蓝字，贷方发生额用红字。

表 2-4-1　　生产成本明细账

生产车间：　　　　　　　　　　　　　　　　　　　　总第　页

产品名称：　　年　月　金额单位：　　　　　　　　分第　页

年		凭证		摘要	成本项目			合计
月	日	字	号		直接材料	直接人工	制造费用	

表 2-4-2　　生产成本计算单

生产车间：　　　　　　　　　　　　　　　　　　　　完工产量：

产品名称：　　　　　　　　　　　　　　　　　　　　年　月　日

成本项目	直接材料	直接人工	制造费用	合 计
月初在产品成本				
本月生产费用				
费用合计				
完工产品数量				
约当产量				
分配率				
完工产品成本				
在产品成本				

制表人：

（2）“辅助生产成本”账户。辅助生产是指为整个企业服务而进行的其他产品生产和劳务供应，如机械行业的工具制造，修理、运输、供水、供电等劳务的提供。辅助生产产品的目的，主要不是对外销售，而是供企业内部使用。辅助生产较多，发生的辅助生产费用也较多，则应设置“辅助生产成本”账户，该账户借方登记辅助生产过程发生的全部耗费，贷方登记转出完工产品成本或分配转出的劳务耗费；期末一般无余额，若有余额在其借方，表示辅助生产在产品的成本。应按辅助生产车间、其他产品品种、劳务设置明细账，采用多栏式账页，借方发生用蓝字，贷方发生用红字。其基本格式见表 2-4-3。

表 2-4-3　　辅助生产成本明细账

一级科目编号及名称：辅助生产成本　　　　　　　　二级科目编号及名称：

年		凭证号	摘要	（借）方金额						
月	日			原材料	低值易耗品	人工费	水费	电费	折旧费	合计
		合 计								

2. “制造费用”账户

制造费用账户核算生产车间在生产产品和提供劳务过程中发生的各项间接费用，如车间管理人员人工费、折旧费、水电费、办公费、机物料消耗、劳动保护等。

借方登记各生产单位为组织和管理产品生产、提供劳务所发展的各项间接费用，贷方登记转入“基本生产成本”“辅助生产成本”等账户的制造费用，一般无余额。

按车间设置明细账，多栏式账户，借方发生用蓝字，贷方发生用红字。其基本格式见表 2-4-4。

表 2-4-4　　制造费用明细账

一级科目编号及名称：制造费用　　二级科目编号及名称：

年		凭证号	摘要	(借)方金额						
月	日			原材料	低值易耗品	应付职工薪酬	水电费	辅助生产成本	折旧费	合计
		合　计								

3. “废品损失”账户

“废品损失”账户用于单独核算废品损失的企业，需设置“废品损失”账户。

借方登记不可修复废品的生产成本和可修复废品的修复费用，贷方登记废品残料回收价值、应收赔款及转出的废品净损失，期末无余额。

按车间设置明细账，可按品种设专户，并按成本项目设专栏或专行。

4. “库存商品”账户

企业生产品完工入库，应设置“库存商品”账户。该账户的借方登记完工入库产品生产成本，贷力登记已经销售产品结转的生产成本，该账户期末余额在借方，表示尚未出售的完工产品的成本。

案例讨论与讲解

案例 2-5　分析参考

1. 该企业成本核算应选择品种法与分类法相结合来核算产品成本。

该企业可以以产品的品种或生产步骤为成本计算对象，但织袜在生产过程中半成品不具有独立经济意义，所以半成品不核算，而且原材料投入基本都在第一车间完成，这种情况下，企业没有必要以生产步骤为成本计算对象，而直接以产品的品种为计算对象就可满足要求，适合采用品种法；同时，该企业的产品又分为三大类别，为了简化核算工作，适合采用分类法。所以，综合以上两个因素，企业应采用品种法与分类法相结合来核算产品成本。

企业成本核算应选择多栏式明细账账页格式。

2. 账户设置

（1）账户设置第一步：

“基本生产成本——男袜类”“基本生产成本——女袜类”“基本生产成本——儿童袜类”等；

“辅助生产成本——机修车间”“辅助生产成本——配电车间”等；

“制造费用——基本生产车间”等。

（2）账户设置第二步：

在第一步的基础上，将各类分为各个品种，即“基本生产成本——女袜类A产品”“基本生产成本——女袜类B产品”“基本生产成本——女袜类C产品”“基本生产成本——女袜类D产品”等；

“库存商品——女袜类A产品”“库存商品——女袜类B产品”等。

根据需要还可以设置“废品损失”或“基本生产成本——废品损失”明细账。其他男袜与儿童袜账户设置采用同理方式。

实训

实训2-4　南车汽车配件厂的成本核算账户设置

南车汽车配件厂主要生产与北京牌轿车配套的A型前驱轴和B型前驱轴两种产品，产品通过年初签订定向销售合同，直接销售给南车汽车股份公司。企业注册资金8000万元，全厂职工300人。产品生产步骤为：下料与清洗→初加工与热处理→打磨与精加工→组装→检验。工厂设有1个辅助生产车间。根据市场行情，厂部认为成本控制是企业的重要任务。

提问：企业成本核算应设置哪些成本明细账？选择哪种账页格式？

项目综合实训

华城机械厂企业成本核算设置了“基本生产成本——101批产品”“辅助生产成本——机修车间”“制造费用——基本车间”等明细账，同时，在“基本生产成本——101批产品”明细账中下设“直接材料、直接人工、制造费用”等成本项目。

2020年6月份有关资料如下：

（1）外购材料20万元，其中60%被基本生产领用，10%被辅助生产领用；

（2）贷款外购生产用设备20万元，分五年还款，贷款购买设备的月利息1500元，已经安装投入使用；

（3）职工薪酬总额19万元，其中，基本生产工人薪酬总额10万元，生产车间主任和其他管理人员薪酬总额1.5万元；辅助生产工人薪酬总额1.5万元，辅助生产车间主任和其他管理人员薪酬总额1万元；厂部行政管理人员薪酬总额3.5万元；销售机构人员薪酬总额1.5万元；

（4）厂部办公楼月计提折旧额1.5万元，生产厂房、机器设备月计提折旧额2万元；

（5）支付合同违约罚款2000元。

请根据案例回答下列问题。

1. "基本生产成本——101 批"明细账中直接材料费用是（ ）。

A. 12 万元 B. 2 万元 C. 10 万元 D. 9 万元

2. "基本生产成本——101 批"明细账中直接人工费用是（ ）。

A. 9 万元 B. 10 万元 C. 9.5 万元 D. 10 万元

3. "辅助生产成本——机修车间"明细账中费用总额是（ ）。

A. 1.5 万元 B. 3.5 万元 C. 4.5 万元 D. 3 万元

4. "制造费用——基本车间"明细账中费用总额（不包括辅助生产成本转入费用）是（ ）。

A. 1 万元 B. 11 万元 C. 3.5 万元 D. 23 万元

5. 本月财务费用是（ ）。

A. 1500 元 B. 20.15 万元 C. 5.15 万元 D. 4 万元

6. 本月管理费用是（ ）。

A. 3 万元 B. 6 万元 C. 6.2 万元 D. 4.2 万元

7. 本月成本费用总额是（ ）。

A. 48.12 万元 B. 48.32 万元 C. 28 万元 D. 36.85 万元

8. 华城机械厂企业成本核算采用的方法是（ ）。

A. 品种法 B. 分步法 C. 分类法 D. 分批法

项目三　归集与分配生产费用要素

知识目标

学习和把握生产费用要素的内容，生产费用、辅助生产费用、制造费用归集与分配的概念及原理等理论知识。

学习和把握生产费用、辅助生产费用和制造费用归集与分配的方法等理论知识。

学习和把握生产损失的核算方法等理论知识。

技能目标

培养运用本项目所学的关键知识点对各生产费用，包括材料、人工、燃料及动力、折旧等，以及辅助生产费用、制造费用进行归集并运用合适的方法进行分配与核算的能力。

思政目标

培养细致认真的人格素养，培养成本观念，树立成本管理意识。

任务一　认知生产费用要素

案例引入

案例 3-1　华达食品厂生产费用和管理费用的确定

华达食品厂为单步骤生产企业，设有一个基本生产车间，大量生产“小熊猫”“大耳猴”两种副食产品。2020 年 5 月份发生的费用开支如下：

甲产品直接材料费 30 万元、人工费 15 万元，乙产品直接材料费 30 万元、人工费 12 万元；车间管理人员工资 3 万元，行政管理人员工资 12 万元；本月生产车间水电费 1.5 万元，固定资产折旧费 9 万元，管理部门水电费 5000 元，固定资产折旧费 1.1 万元，办公费用 3000 元，业务招待费 1.2 万元。

综上所述，本月该企业生产费用是多少？其中直接材料费用是多少？直接人工费用是多少？制造费用是多少？管理费用是多少？

关键知识点

（一）生产费用要素分类

1. 生产费用要素按支出（投入）的内容划分

生产费用要素按支出（投入）的内容，即按经济内容划分，可分为劳动对象消耗的费用、劳动手段消耗的费用和活劳动中必要劳动消耗（或构成成本的活劳动费用）的费用，这构成工业企业费用的三大要素，称为费用要素，具体包括：①外购材料；②外购燃料；③外购动力；④职工薪酬；⑤固定资产折旧费；⑥固定资产修理费；⑦利息支出；⑧税金；⑨其他费用。

2. 生产费用要素按归属（产出）的内容划分（图3-1-1）

生产费用要素按归属（产出）的内容，即按经济用途划分，可分为生产费用和期间费用。对于应计入产品成本的费用，称为生产费用要素，在会计上称为成本项目，分为直接费用和间接费用。直接费用包括直接材料、直接人工和其他直接费用；间接费用指制造费用。对于不应计入产品成本的费用，称为期间费用要素内容，再进一步划分为管理费用、财务费用和销售费用。

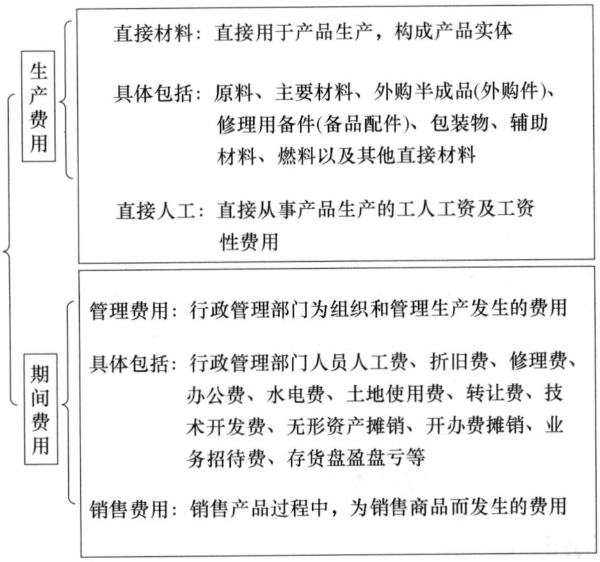

图3-1-1　生产费用要素按归属（产出）的内容划分

（二）分配原则

受益原则，生产费用计入产品成本，期间费用不计入产品成本。由某种产品直接发生则计入该产品，由多种产品共同发生，则采用一定方法分配计入各产品。

（三）分配程序

费用要素的归集和分配，应遵循以下过程：原始凭证整理并编制费用汇总表或分配表→编制记账凭证→登记各种成本明细账→登记成本总账。

案例讨论与讲解

案例3-1　分析参考

直接材料："小熊猫"产品30万元+"大耳猴"产品30万元=60万元

直接人工："小熊猫"产品15万元+"大耳猴"产品12万元=27万元

制造费用：车间管理人员工资3万元+车间水电费1.5万元+折旧费9万元=13.5万元

管理费用：行政管理人员工资12万元+折旧费1.1万元+办公费3000元+业务招待费1.2万元+水电费5000元=15.1万元

生产费用=60 万元+27 万元+13.5 万元=100.5 万元

实训

实训 3-1　费用要素归集与分配的程序

娄长汽车配件厂生产甲、乙、丙三种配件，设有一个基本生产车间和一个机修车间，机修车间的费用由辅助生产成本进行核算，2020 年 5 月份人事处对各部门考勤与生产情况进行了统计，同时生产车间对各种产品发生的共同费用规定按生产工人定额工时进行分配，已知三种产品的定额工时分别为 1650、1850、2500 小时，计提工资相关费用比率为 36%。

要求：分析出该厂工资费用归集与分配的处理程序。

任务二　归集和分配材料费用

[微课]
归集材料费用

[微课]
分配材料费用

案例引入

案例 3-2　材料分配方法的选择与材料费用计算

华亿汽车配件厂生产甲、乙两种产品，耗用材料品种比较单一，且每种产品有较为准确的消耗定额。甲、乙产品 2020 年 5 月份共同耗用某种材料 1300 千克，每千克 8 元。甲产品的实际产量为 400 件，单件产品材料消耗定额为 5 千克；乙产品的实际产量为 200 件，单件产品材料消耗定额为 6 千克。

要求：分配材料费用。

关键知识点

（一）费用要素归集与分配概述

1. 归集

归集是指生产产品所发生的各项生产费用汇总到汇总表，或按成本计算对象汇集到各自的明细账的过程。

2. 分配

分配是指生产多种产品共同耗用某一资源如材料，因无法直接确认各自承担多少，需按一定标准进行分配再计入该产品的过程。

进行费用的分配，需计算分配率和各受益对象承担的分配额。

分配率=待分配费用总额/分配标准总数

分配额=分配率×该受益对象耗用的分配标准数

归集是分配的基础与前提。

头脑风暴：

领用一匹价值 5000 元的布料同时生产了 10 件童装、17 件成人衣，一件童装耗料量是一件成人衣耗料量的 0.8 倍，请问童装与成人衣各耗用了多少布料？

（1）确定待分配的费用：5000 元

（2）计算分配率：5000/（17+10×0.8）= 200 元

（3）计算成人衣和童装的耗料额：成人衣耗料为 17×200 = 3400 元，童装耗料为 8×200 = 1600 元

（二）材料费用的归集

材料费用按发生地点和用途进行归集。

1. 归集程序

（1）收集所有材料耗用的单据：收料单（入库单）、领料单、限额领料单、领料登记簿、退料单等，有关单据参考格式如图 3-2-1、图 3-2-2、图 3-2-3 所示，各单位可根据本单位实际情况设计适合本单位的单据格式。

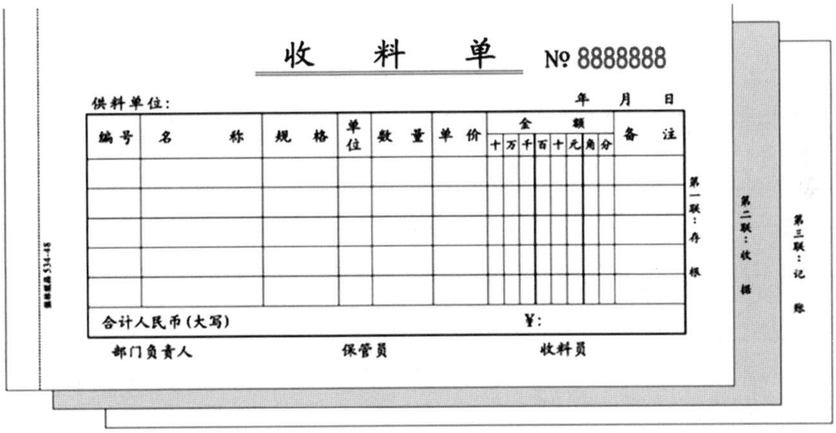

收　料　单　№ 8888888

供料单位：　　　　年　月　日

编号	名称	规格	单位	数量	单价	金额（十 万 千 百 十 元 角 分）	备注
合计人民币（大写）						¥:	

部门负责人　　保管员　　收料员

第一联：存根　第二联：收据　第三联：记账

图 3-2-1　收料单

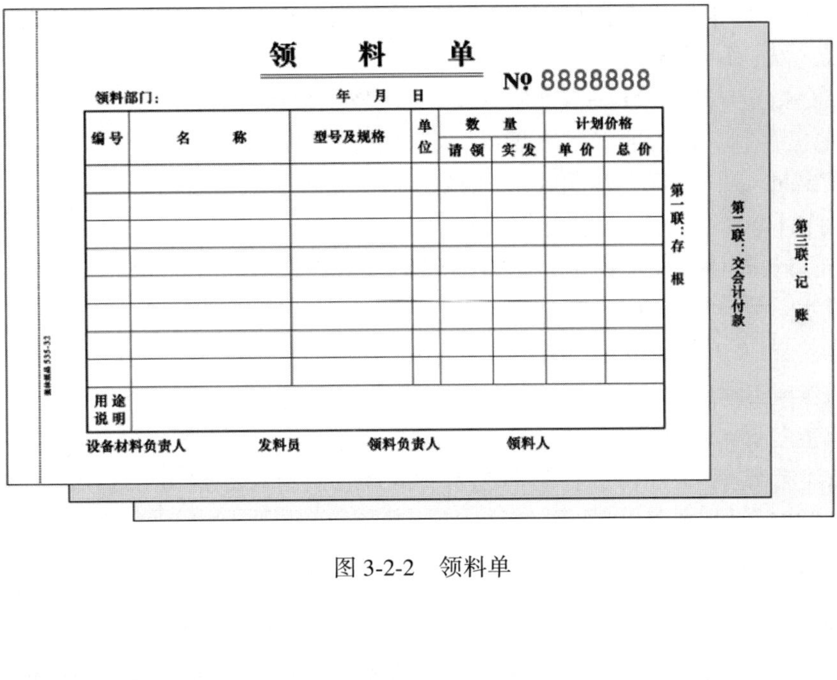

领　料　单　№ 8888888

领料部门：　　　　年　月　日

编号	名称	型号及规格	单位	数量 请领	数量 实发	计划价格 单价	计划价格 总价
用途说明							

设备材料负责人　　发料员　　领料负责人　　领料人

第一联：存根　第二联：交会计付款　第三联：记账

图 3-2-2　领料单

限额领料单

编号：

产品(工程)编号：　　　　　年　　月　　　　　领料仓库：

产品(工程)名称：　　　　　产量（工程量）：　　　　　领料部门：

材料				单位	定额	领料记录													退料		实际领用		
编号	类别	名称规格	计量单位	消耗定额	耗用量	月日	数量	领料人	限额结余	月日	数量	领料人	限额结余	月日	数量	领料人	限额结余	…					

图 3-2-3　限额领料单

（2）编制材料汇总表。领料凭证汇总表参考格式如表 3-2-1 所示。

表 3-2-1　　　　领料凭证汇总表

年　月　日

领料部门	领取材料名称	用途	数量	单价(元)	金额(元)	备注
基本生产车间						
小计						
辅助生产车间						
行政管理部门						
合计						

制表：　　　　　　　　　　　审核：

2. 材料费用归集需注意的问题

（1）材料消耗的原始记录要收集齐全。

（2）材料的消耗量根据不同的盘存制度进行计算。有两种盘存制度：永续盘存制和实地盘存制。

① 永续盘存制也称账面盘存制，按材料品种逐日逐笔登记收入、发出数量，随时从账上结出收、发、存数量。

期末结存数量＝期初数量+本期收入量−本期发出数量

② 实地盘存制，是指期末实地盘点确定材料发出数量。

材料发出量＝期初结存+本期收入−期末结存

（3）消耗材料的计价方式有计划成本计价和实际成本计价两种方式。

① 消耗材料按计划成本计价，则需结转材料成本差异。

材料成本差异＝实际成本−计划成本

当成本差异>0，表示超支，用正数表示；当成本差异<0，表示节约，用负数表示。

计划成本＝实际耗用量×计划单价

材料成本差异＝计划成本×材料成本差异率

材料成本差异率＝(月初结存材料差异＋本月收入材料差异)/(月初结存材料计划成本+本月收入材料计划成本)

存在材料成本差异时的账务处理：

发出材料时：

　　借：生产成本等科目（计划成本）

　　　　贷：原材料　　（计划成本）

结转材料成本差异：

　　借：生产成本等科目

　　　　贷：材料成本差异　　（差异率>0 时）

或　　借：材料成本差异　　（差异率为<0 时）

　　　　贷：生产成本等科目

② 材料按实际成本计价，则有先进先出法、加权平均法、个别计价法等计价方法。

（三）材料费用的分配

1. 分配的程序

材料费用分配的基本程序如图 3-2-4 所示。

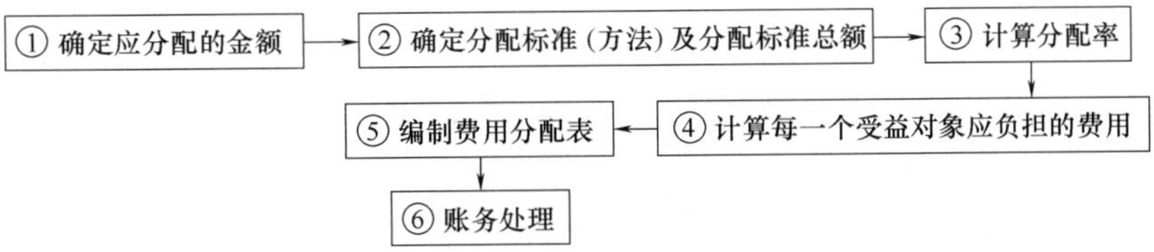

图 3-2-4　材料费用分配程序

2. 分配标准

材料费用的分配，可以按材料定额耗用量、材料定额费用、材料实际耗用量等进行分配。

3. 分配方法

根据分配标准的不同，采用相应的分配方法。材料费用分配方法主要包括材料定额耗用量分配法、材料定额费用分配法、材料实际耗用量分配法等。

案例讨论与讲解

案例 3-2　分析参考

（1）确定应分配的金额：1300×8＝10400 元

（2）确定分配标准：材料消耗定额

（3）分配方法：材料定额耗用量分配法

（4）分配标准总额：400×5+200×6＝3200 千克

（5）分配率：10400/3200＝3. 25 元/千克

（6）分配额：

甲：400×5×3. 25＝6500 元

乙：10400−6500＝3900 元

（7）账条处理：

借：基本生产成本——甲（直接材料）　6500

　　　　　　　——乙（直接材料）　3900

　　　　　　　贷：原材料　10400

实训

实训 3-2　分配实创企业材料费用

实创企业生产甲、乙两种产品，共同耗用某材料 1100 千克，出库价格每千克 8 元，甲产量为 150 件，单位产品材料定额费用为 32 元，乙产量为 80 件，单位产品材料定额费用为 40 元。

要求：计算甲、乙两种产品各自的材料费。

实训 3-3　分配工兵企业材料费用

工兵企业生产甲、乙两种产品，共同耗用某材料 1100 千克，出库价格每千克 8 元，甲产量为 300 件，单位产品材料重量为 1.6 千克，乙产量为 160 件，单位产品材料重量为 2 千克。

要求：计算甲、乙两种产品各自的材料费。

任务三　归集与分配燃料和动力费用

[微课]
归集与分配
燃料和动力费用

案例引入

案例 3-3　归集与分配燃料及动力费用

华亿汽车配件厂 2020 年 5 月份各车间、部门耗用外购动力及工时耗用情况汇总如表 3-3-1、表 3-3-2 所示，不含税电价 0.5 元/度。

要求：分配动力费用。

表 3-3-1　　产品生产工时汇总表

日期：2020 年 5 月

产品名称	生产工时	备注
甲产品	3150	
乙产品	2720	
合计	5870	

主管：赵妆　　复核：黄山　　制表：刘达

表 3-3-2　　外购动力费用汇总表

供电单位：娄底电力局　　日期：2020 年 5 月

部门	耗电量(度)	单价(元)	金额(元)
基本生产车间生产用	70440	0.5	35220
基本生产车间照明用	1680	0.5	840
锅炉车间	780	0.5	390
行政管理部门	960	0.5	480
合计	73860	0.5	36930

主管：赵妆　　复核：黄山　　制表：刘达

关键知识点

（一）燃料及动力费用的概念

燃料及动力费用是指从外部购入的电力、蒸汽等动力费用。

（二）燃料及动力费用的归集

燃料及动力费用可按发生地点和用途进行归集，基础工作如下。

原始记录：外购动力一般为外来凭证（如发票等），消耗量根据仪表（如电表等）记录确定，分配标准明确。

计量：按仪表数据计量。

计价：按外来账单或发票计价。

（三）燃料及动力费用的分配

有记录仪表的（如电表、水表）按仪表数量及发票金额直接计入；没有记录仪表的按一定标准分配计入，如生产工时比例、机器工时比例、定额耗用量比例等。分配标准有：生产工时、机器工时、定额耗用量。

还可以直接通过编制外购动力费用分配表对燃料及动力费用进行分配。分配过程遵循材料费用的分配程序。即：确定应分配的金额→确定分配标准、方法及标准总额→计算分配率→计算各受益对象应承担的费用额→编制分配表→进行账务处理。

（四）燃料及动力费用的账务处理

外购动力付款期：次月初。

成本计算期：月末计算成本。

收到发票，计算动力费用时，分录为：

借：成本费用类账户

　　应交税费——应交增值税（进项税额）

　　贷：应付账款

案例讨论与讲解

案例 3-3　分析参考

由案例资料可以看出，基本生产车间生产耗用的燃料及动力费用为两种产品共同耗用，需在两种产品间分配。

应分配的金额：35220 元

分配标准：生产工时

分配标准总额：生产工时总额为 5870 小时

分配率：35220/5870＝6 元/小时

各受益对象应承提的费用：

甲产品为：3150×6＝18900 元

乙产品为：35220－18900＝16320 元

燃料及动力费用分配情况见表 3-3-3。

账务处理具体如下。

收到发票时，根据发票与分配表，分录为：

借：基本生产成本——甲产品（直接材料） 18900

——乙产品（直接材料） 16320

辅助生产成本——锅炉车间（电费） 390

制造费用——基本生产车间（电费） 840

管理费用 480

应交税费——应交增值税（进项税额） 4800.9

贷：应付账款——娄底电力局 41730.9

表 3-3-3 燃料及动力费用分配表

日期：2020 年 5 月

应借科目		成本项目	直接计入	分配计入			合计
				生产工时	分配率	分配金额	
基本生产成本	甲产品	直接材料		3150		18900	18900
	乙产品	直接材料		2720		16320	16320
	小计			5870	6	35220	35220
辅助生产成本	锅炉车间	电费	390				390
	小计		390				390
制造费用	基本生产车间		840				840
	小计		840				840
管理费用		电费	480				480
合计			1710	5870	6	35220	36930

实训

实训 3-4 燃料及动力费用的归集与分配

华兴工厂 5 月份生产的甲、乙两种产品本月共发生燃料费用 4 万元，共生产甲产品 2000 件、乙产品 6000 件，甲产品燃料费用定额为 8 元，乙产品燃料费用定额为 4 元。

要求：计算甲、乙两种产品的燃料费用。

任务四 归集与分配人工费用

案例引入

案例 3-4 归集与分配人工费用

华亿汽车配件厂生产甲、乙两种产品，生产时间采用定额生产工时进行控制，且生产工人工资采用计时工资与计件工资相结合的方式，基本工资为计时，绩效工资为计件，相关保险等费用按工资总额的 36%计提。2020 年 5 月份甲、乙两种产品的生产共耗用生产工人计时工资 2.6 万元。甲产品的实际产量为 400 件，单件产品定额生产工时为 4 小时；乙产品的实际产量为 200 件，单件产品定额生产工时为 5 小时。

要求：采用适当的分配方法分配甲、乙两种产品的人工费用。

关键知识点

（一）人工费用的概念

人工费用是企业根据有关规定应付给职工的各种薪酬，具体包括：①工资；②奖金；③津补贴；④职工福利；⑤社保；⑥住房公积金；⑦工会经费与职工教育经费；⑧非货币性福利；⑨辞退福利；⑩股利。

（二）人工费用归集的主要工作

1. 原始记录准备与整理

主要包括考勤表、产量记录、质检记录、工时记录等。

2. 正确计算工资费用

应正确计算应付工资和实付工资。计算方法有计件工资和计时工资。

（1）计件工资计算。计件工资是指按完成的合格品及客观原因料废品数量计算工资。

个人计件工资：（合格品数量+客观原因料废品数量）×单件工资

集体计件工资：

集体工资=（合格品数量+客观原因料废品数量）×单件工资

集体工资分配率=集体工资/分配标准总数

个人计件工资=个人分配标准数×分配率

头脑风暴：

某班组共有 3 位工人，本月共生产产品 102 个，其中料废件 2 个，工废件 2 个，厂部规定每个产品的工资定额为 150 元，其中一个工人属于高级工，月工资为另两个人的 1.2 倍。

要求：计算每位工人的计件工资。

分析：

合格品数：102−2−2=98 个

料废数：2 个

计件工资数：98+2=100 个

集体工资：100×150=15000 元

分配标准总数：1+1+1.2=3.2 个

分配率：15000/3.2=4687.5 元

高级工工资为：4687.5×1.2=5625 元

另两个人工资均为：4687.5 元

（2）计时工资的计算。计时工资是指按计时工资标准、工作时间支付的报酬。

依据：劳动部门提供的按工资级别反映的“工资条”+考勤记录

计算方法：有日薪制、月薪制两种计算方法。

月薪制是指不考虑当月实际天数，出全勤得到固定的月标准工资，缺勤按规定标准扣除缺勤工资，又称“扣缺勤法”。

应付计时工资=月标准工资−缺勤应扣工资

缺勤应扣工资=缺勤天数×日工资×应扣比例

日工资=月标准工资/月工作天数

月工作天数的确定：一种是按月工作日 30 天计算日工资；一种是按月 20.9 天[(365-104-10)/12=20.9] 计算日工资。

缺勤：包括旷工、事假、6 个月以内的短期病假、超过 6 个月的长期病假。

应扣比例的确定：旷工、事假扣款比例由单位人事制度确定。职工病假扣款比例有统一规定，如表 3-4-1 所示。

表 3-4-1　　职工病假工资扣发比例一览表

	短病假					长病假		
工龄	2 年以下	2~4 年	4~6 年	6~8 年	8 年及以上	不满 1 年	1~3 年	3 年以上
扣发比例(%)	40	30	20	10	0	60	50	40
应发比例(%)	60	70	80	90	100	40	50	60

头脑风暴：

某工厂的工人小赵的月工资标准为 3250 元，2020 年 6 月份共 30 天，病假 6 天（含周末 2 天），周末休假 6 天，实际出勤 18 天，工龄 1 年半，要求使用月薪制计算其 6 月份工资。

分析：

缺勤应扣工资=缺勤天数×日工资×应扣比例=6×117.3×0.4=281.52 元

应付计时工资=月标准工资-缺勤应扣工资=3520-281.52=3238.48 元

日薪制是指按出勤天数和日标准工资支付工资，又称“出勤工资累计法”。

应付计时工资=出勤天数×日工资+病假应发工资

病假应发工资=病假天数×日工资×病假应发比例

头脑风暴：

某工厂的工人小赵的日工资标准为 180 元，2020 年 6 月份共 30 天，病假 6 天（含周末 2 天），周末休假 6 天，实际出勤 18 天，工龄 1 年半，要求使用日薪制计算其 6 月份工资。

分析：

应付计时工资=18×180+4×180×0.6=3672 元

3. 人工费用的归集

人工费用的归集按发生地点和用途，即按受益原则进行归集。

（三）人工费用的分配

1. 计时工资形式下人工费用的分配

如果该生产部门只是生产一种产品，则直接计入“基本生产成本”账户的“直接人工”成本项目；如果是两种及两种以上的产品，则要把生产工人的人工费用按适当的分配标准分配计入“基本生产成本”账户的“直接人工”成本项目。

工资分配的计算公式如下：

工资费用分配率=生产工人工资总额÷分配标准工时之和

某产品负担的工资费用=该产品耗用分配标准工时×工资费用分配率

对工资费用进行分配的分配标准通常为生产工时，一般有定额生产工时、实际生产工时两种选择。

2. 计件工资形式下人工费用的分配

生产工人的计件工资与产品生产有直接联系，因此，发生的计件工资直接计入“基本生产成本”账户的“直接人工”成本项目。发生的工资性奖金、津补贴等则可采用计时工资的分配方式分配计入。

（四）人工费用的分配账务处理

根据“工资费用汇总表”“工资费用分配表”做账务处理。

借：生产成本——基本生产成本——××产品

　　生产成本——辅助生产成本——××车间

　　制造费用

　　管理费用

　　……

　　贷：应付职工薪酬

案例讨论与讲解

案例 3-4　分析参考

确定应分配的金额：26000 元

确定分配标准：定额生产工时

分配标准总额：甲、乙产品定额生产工时总量 = 400×4+200×5 = 2600 小时

分配方法：定额生产工时分配法

分配率：工资费用分配率 = 26000÷2600 = 10 元 / 小时

分配额：

甲产品应负担的工资费用 = 1600×10 = 16000 元，工资附加费用 = 16000×36% = 5760 元

乙产品应负担的工资费用 = 1000×10 = 10000 元，工资附加费用 10000×36% = 3600 元

编制人工费用分配表见表 3-4-2。

表 3-4-2　　**人工费用分配表**

2020 年 5 月 30 日　　金额单位：元

<table>
<tr><th colspan="2" rowspan="2">应借账账户</th><th rowspan="2">成本项目</th><th colspan="3">间接计入工资</th><th>直接计入工资</th><th>计提工资相关费用(36%)</th><th>合计</th></tr>
<tr><th>生产工人定额工时</th><th>费用分配率</th><th>分配额</th><th></th><th></th><th></th></tr>
<tr><td rowspan="4">基本生产成本</td><td>甲产品</td><td>直接人工</td><td>1600</td><td></td><td>16000</td><td></td><td>5760</td><td>21760</td></tr>
<tr><td>乙产品</td><td>直接人工</td><td>1000</td><td></td><td>10000</td><td></td><td>3600</td><td>13600</td></tr>
<tr><td></td><td></td><td></td><td></td><td></td><td></td><td></td><td></td></tr>
<tr><td>小计</td><td></td><td>2600</td><td>10</td><td>26000</td><td></td><td>9360</td><td>35360</td></tr>
<tr><td colspan="2">合计</td><td></td><td></td><td></td><td>26000</td><td></td><td>9360</td><td>35360</td></tr>
</table>

账务处理：

借：基本生产成本——甲产品（直接人工）　　21760

　　　　　　　　——乙产品（直接人工）　　13600

　　贷：应付职工薪酬　　　　　　　　　　35360

实训

实训 3-5　归集与分配人工费用

华兴工厂生产的甲、乙两种产品 2020 年 5 月份共发生工资 40 万元，工资相关费用占 36%，共生产甲产品 2000 件、乙产品 6000 件，甲产品工时定额为 8 小时/件，乙产品工时定额为 4 小时/件。

要求：计算甲、乙两种产品的人工费用。

任务五　归集与分配折旧等其他费用

［微课］

归集与分配

折旧等其他费用

案例引入

案例 3-5　归集与分配折旧等其他费用

华亿汽车配件厂生产甲、乙两种产品，2020 年 5 月份产生的折旧费用和其他费用如表 3-5-1 所示。

表 3-5-1　　华亿汽车配件厂折旧等费用汇总表　　单位：元

使用单位	折旧费用	其他费用(办公)
基本生产车间	30000	2000
管理部门	3000	3000
合计	33000	6000

关键知识点

（一）折旧费用的归集与分配

1. 折旧费用的归集

（1）按发生地点和用途进行归集。

（2）整理固定资产折旧的原始记录。计提固定资产折旧费用的原始记录主要是固定资产折旧计算表、固定资产折旧汇总表，参考格式见表 3-5-2、表 3-5-3。

表 3-5-2　　　　固定资产折旧计算表

单位名称：

年　月　日　　　折旧方法：平均年限法　固定资产类别：办公设备运输工具类　　　单位：元

编号	名称	使用部门	入账日期	单位	数量	购进原值	使用年限	残值率（%）	预计净残值	已使用月份	本月折旧	累计折旧	净值	月折旧额	实际计算截止日期	累计折旧计算值	上月累计折旧计算值
1																	
2																	
3																	
4																	
	合计																

表 3-5-3　　　　固定资产折旧计算表

单位名称：　　　　　　　　　　　　　　　　年　月　日

编号	类别	原值	预计净残值	本月折旧	累计折旧	净值
1	生产设备					
2	办公设备					
3	厂房建筑					
	合计					

（3）固定资产折旧费用的计算。固定资产折旧费用的计算方法主要有：①平均年限法；②工作量法；③双倍余额递减法；④年数总和法。运用以上方法计算折旧率、折旧额，具体公式如下。

① 平均年限法。

年折旧率 =（1−预计残值率）/ 预计使用年限

年折旧额 = 原值 × 年折旧率

② 工作量法。

单位工作量折旧额 = 固定资产原值 ×（1−残值率）/ 预计总工作量

月折旧额 = 当月工作量 × 单位工作量折旧额

③ 双倍余额递减法。

年折旧率 = 2/ 预计使用年限

年折旧额 =（年初固定资产原值−年初累计折旧总额）× 年折旧率

最后两年将扣除净残值后的固定资产余额平均分摊。

④ 年数总和法。

年折旧率=尚可使用年限/预计使用寿命年数总和

年折旧额=(固定资产原值-预计净残值)×年折旧率

2. 折旧费用的分配

（1）分配原则：受益原则，按受益对象进行分配。也就是说，谁使用的固定资产，其折旧费用就由谁负担。

（2）分配方法：编制固定资产折旧分配表。

（3）折旧费用的账务处理。

借：制造费用——基本生产车间

辅助生产成本——机修车间

管理费用

销售费用

贷：累计折旧

（二）其他费用的归集与分配

其他费用是指直接材料、直接人工、燃料动力费、折旧费等之外的其他费用要素。具体包括：邮电费、租赁费、印刷费、图书报刊费、办公费、试验检验费、排污费、差旅费、保险费、交通补助费、误餐补贴费、职工技术补助费以及利息和有关费用性税金等，有些应计入产品成本，有些应计入期间费用。

案例讨论与讲解

案例 3-5　分析参考

借：制造费用——基本生产车间　32000

管理费用　6000

贷：累计折旧　38000

实训

实训 3-6　归集与分配费用要素

华兴工厂为单步骤生产企业，设有一个基本生产车间，大量生产两种产品。原材料在开始时一次投入，2020 年 5 月份甲产品投产 2400 件，乙产品投产 6000 件，在产品完工程度为 50%，其他资料如下：

（1）产量：月末甲产品完工 2000 件，在产品 500 件，乙产品完工 6000 件。

（2）总工时记录：甲产品实际工时 18700 小时，乙产品实际工时 27200 小时。

（3）材料消耗定额：甲产品 10 千克/件，乙产品 3 千克/件。

（4）本月发生费用见表 3-5-4。

表 3-5-4　　本月发生费用汇总表　　单位：元

用途	直接领用材料	共同耗用材料	人员类别	应付职工薪酬
甲产品	100000		生产工人	570000
乙产品	120000		车间管理人员	114000
小计	220000	84000	行政管理人员	114000
基本生产车间			合计	798000
一般耗用	26000			
合计	246000	84000		
使用单位	折旧费用	其他费用(办公)		
基本生产车间	20000	2000		
管理部门	4000	2000		
合计	24000	4000		

请回答如下问题：

(1) 工厂生产费用要素的内容是什么？

(2) 两种产品共同耗用的材料、人工费用应该用什么方法分配？

(3) 两种产品的直接材料、直接人工、制造费用各自是多少？

任务六　归集辅助生产费用

[微课]

归集辅助生产费用

案例引入

案例 3-6　归集辅助生产费用

华亿汽车配件厂设有机修车间和配件车间（生产辅助配件）两个辅助车间，发生辅助生产费用如下：

(1) 机修车间领用修理用材料 1500 元；配件车间领用生产用材料 3000 元。

(2) 应付职工薪酬：机修车间 5000 元，配件车间 8000 元。

(3) 水费：机修车间 500 元，配件车间 600 元。

要求：归集各车间生产费用并登账。

关键知识点

(一) 辅助生产费用的概念

1. 辅助生产

辅助生产是指为基本生产服务进行的产品生产和劳务供应。

2. 辅助生产车间

辅助生产车间是指为基本生产服务进行的产品生产和劳务供应的场所。辅助生产车间有两种：一种是只生产一种产品或只提供一种劳务，如供电、供水、供气、运输等车间；另一种是生产多种产品或提供多种劳务，如工具、模具、修理用备件的生产及机器设备维修等车间。

3. 辅助生产费用

辅助生产费用是指辅助生产车间为产品生产或提供劳务发生的原材料费用、动力费用、人工费用及辅助生产车间的制造费用等。

（二）辅助生产费用的归集

1. 归集原则

受益原则，即辅助生产费用按“谁使用谁受益谁承担”的原则进行归集。

2. 归集方法

（1）设置辅助生产费用核算账户。可以设置“生产成本——辅助生产成本”账户，核算辅助生产车间发生的各项辅助生产成本，当辅助生产成本较多或较重要时，可以将“辅助生产成本”设置为一级账户，“辅助生产成本”账户按辅助生产车间设置明细账户；还可以设置“制造费用——××辅助车间”账户，核算辅助生产车间发生的各项间接费用，期末转入“辅助生产成本”账户。当辅助生产车间所发生的制造费用不多或不需重点关注时，可将辅助生产车间发生的制造费用直接计入“辅助生产成本”账户，不需通过“制造费用”进行核算。

（2）账务处理。

① 发生的材料、动力、燃料、人工费用：

借：辅助生产成本–××辅助车间（材料费/动力费/人工费）

　　贷：原材料/应付账款/应付职工薪酬等

② 折旧费、车间管理费等

借：辅助生产成本–××辅助车间（折旧费、办公费等）

　　贷：累计折旧/银行存款等

③ 将辅助车间的制造费用转入辅助生产成本

借：辅助生产成本–××辅助车间–制造费用

　　贷：制造费用–××辅助车间（制造费用的分配）

（3）登记相关总账与明细账。将所发生的各项费用登记到辅助生产成本账上或辅助生产车间账上。辅助生产成本明细账参考格式见表3-6-1。

表3-6-1　辅助生产成本明细账

一级科目及名称：辅助生产成本　　二级科目及名称：××辅助生产车间

年		凭证号数	摘要	（借）方金额				
月	日			材料费用	人工费用	水费	制造费用	合计

案例讨论与讲解

案例3-6　分析参考

1. 设置账户

辅助生产成本——机修车间（材料费、人工费、水费、制造费用）

制造费用——配件车间（材料费、人工费、水费）

辅助生产成本——配件车间（材料费、人工费、水费、制造费用）

2. 账务处理

（1）借：辅助生产成本——机修车间（材料费）　1500

　　　　制造费用——配件车间（材料费）　　3000

　　　　贷：原材料　　4500

（2）借：辅助生产成本——机修车间（人工费）　5000

　　　　制造费用——配件车间（人工费）　　8000

　　　　贷：应付职工薪酬　　13000

（3）借：辅助生产成本——机修车间（水费）　500

　　　　制造费用——配件车间（水费）　　600

　　　　贷：应付账款　　1100

（4）月末，将制造费用转入辅助生产成本

　　借：辅助生产成本——配件车间（制造费用）　11600

　　　　贷：制造费用——配件车间　　11600

3. 登账（表3-6-2、表3-6-3）

表3-6-2　　辅助生产成本明细账

一级科目及名称：辅助生产成本　　　　二级科目及名称：机修车间

2020年		凭证号数	摘要	(借)方金额				
月	日			材料费用	人工费用	水费	制造费用	合计
	31	转1	领用原材料	1500				1500
		转2	发生人工费		5000			5000
		转3	支付水费			500		500
		转4	结转制造费用				11600	11600
			合　计					18600

表3-6-3　　制造费用明细账

一级科目及名称：制造费用　　　　二级科目及名称：配件车间

2020年		凭证号数	摘要	(借)方金额				
月	日			材料费用	人工费用	水费	制造费用	合计
	31	转1	领用原材料	3000				3000
		转2	发生人工费		8000			8000
		转3	支付水费			600		600
		转4	结转制造费用	-3000	-8000	-600		-11600
			合　计					0

实训

实训 3-7　归集辅助生产费用

画坊传动轴有限责任公司设有修理和运输两个辅助生产车间、部门。2020 年 5 月份发生的费用如下。

（1）修理车间领用修理用材料 4500 元；运输车间领用生产用材料 3000 元。

（2）应付职工薪酬：修理车间 11000 元；运输车间 8000 元。

（3）水费：机修车间 500 元；运输车间 600 元。

（4）运输车间加油 8400 元。

（5）修理车间领用备用件 3000 元。

要求：归集辅助生产车间费用。

任务七　分配辅助生产费用（直接分配法）

［微课］

直接分配法

案例引入

案例 3-7　分配辅助生产费用之直接分配法

娄城机床厂主要生产 I 型和 II 型号机床，产品销往全国。厂内有铸造、机械加工、装配三个基本生产车间，顺序加工生产产品，各车间均不设半成品库；有机修和配电两个辅助生产车间，机修车间负责全厂机器设备的维修，配电车间负责外来电源并供给和记录全厂各部门的用电及电器修理。相关资料见表 3-7-1、表 3-7-2、表 3-7-3。

表 3-7-1　　辅助车间提供用电、机修数量

日期：2020 年 5 月 31 日

辅助生产车间	铸造车间		机械加工车间		装配车间		机修车间	配电车间	厂部	合计
	生产	车间	生产	车间	生产	车间	生产	生产		
机修(小时)		12400		30100		26026		300	5000	73826
供电(度)	15000	1144	6000	1644	3000	1214	3180		21810	52992

表 3-7-2　　辅助生产成本明细账

车间：机修车间

2020 年		凭证号数	摘要	(借)方金额					
月	日			原材料	低值易耗品	人工费	水费分配	折旧	合计
5	31	转 1	领用原材料	7500					
		转 2	领用工具		3060				
		转 3	分配人工费			10495. 98			
		转 4	水费				357. 15		
		转 6	计提折旧					2480	
		合计							23893. 13

表 3-7-3　　辅助生产成本明细账

车间：供电车间

2020 年		凭证号数	摘要	(借)方金额					
月	日			低值易耗品	人工费	水费分配	电费分配	折旧	合计
5	31	转 2	领用工具	460					
		转 3	分配人工费		4514. 4				
		转 4	水费			478. 58			
		转 5	电费				53000		
		转 6	计提折旧					3600	
		合计							62052. 98

要求：采用直接分配法分配辅助生产费用。

关键知识点

（一）直接分配法的概念

直接分配法是指将辅助生产费用按一定的分配标准直接分配给辅助生产部门以外的各受益对象。

（二）直接分配法的特点

直接分配法的特点是辅助部门之间相互提供的服务，辅助部门不承担费用。

案例讨论与讲解

案例 3-7　分析参考

1. 基本思路

①确定应分配的金额→②确定分配标准→③分配标准总额→④确定分配方法→⑤计算分配率→⑥计算分配额→⑦生产车间发生的费用在产品之间分配→⑧账务处理。

2. 分析结果

（1）确定应分配的金额。

机修车间：23893. 13 元　　配电车间：62052. 98 元

（2）确定分配标准。

机修费用：工时　　配电费用：度

（3）计算分配标准总额。

机修时间：73826－300＝73526　　配电：52992－3180＝49812

（4）确定分配方法。

直接分配法：只分配给辅助车间以外的受益单位，辅助车间之间彼此提供的服务不分配费用。

（5）计算分配率。

机修费用：23893. 13/(73826－300)＝0. 3250 元/小时

电费：62052. 98/(52992－3180)＝1. 2457 元/度

（6）计算分配额。

铸造车间产品耗用电费：1. 2475×15000＝18685. 5 元

铸造车间产品耗用辅助费用：12400×0.3250+1144×1.2457=5455.08 元
机械加工车间产品耗用电费：6000×1.2457=7474.20 元
机械加工车间产品耗用辅助费用：30100×0.3250+1644×1.2457=11830.43 元
装配铸造车间产品耗用电费：3000×1.2457=3737.10 元
装配车间产品耗用辅助费用：26026×0.3250+1214×1.2457=9970.73 元
管理部门承担的辅助费用：5000×0.3250+21810×1.2457=28793.07 元
（7）生产车间发生的费用在产品之间分配。
① 确定应分配金额（每个车间生产Ⅰ、Ⅱ型产品）。
铸造车间：18685.5 元　机械加工车间：7474.2 元
装配车间：3737.1 元
② 确定分配标准：工时定额。
③ 计算分配率。
铸造车间：18685.5/(3500+1500)= 3.7371 元/小时
机械加工车间：7474.2/(6000+1500)= 0.9966 元/小时
装配车间：3737.1/(4500+3000)= 0.4983 元/小时
④ 计算分配额。
铸造车间：
　　Ⅰ型产品：3500×3.7371=13079.85 元
　　Ⅱ型产品：(18685.5-3500×3.7371)= 5605.65 元
机械加工车间：
　　Ⅰ型产品：6000×0.9966=5979.60 元
　　Ⅱ型产品：(7474.2-6000×0.9966)= 1494.6 元
装配车间：
　　Ⅰ型产品：4500×0.4983=2242.35 元
　　Ⅱ型产品：(3737.1-4500×0.4983)= 1494.75 元
（8）账务处理。
借：基本生产成本——铸造车间——Ⅰ型产品　13079.85
　　——铸造车间——Ⅱ型产品　5605.65
　　——机械加工车间——Ⅰ型产品　5979.60
　　——机械加工车间——Ⅱ型产品　1494.60
　　——装配车间——Ⅰ型产品　2242.35
　　——装配车间——Ⅱ型产品　1494.75
　制造费用——铸造车间　5455.08
　　——机械加工车间　11830.43
　　——装配车间　9970.73
管理费用　28793.07
　贷：辅助生产成本——机修车间　23893.13
　　——供电车间　65052.98

相关计算表，见表 3-7-4、表 3-7-5。

表 3-7-4　　　　　　　　**辅助生产费用直接分配表**

2020 年 5 月 31 日　　　　　　　　　　　　　　　　　　　金额单位：元

项目			待分配辅助生产成本	劳务量	分配率	分配金额	合计
直接分配	机修车间		23893.13	73826(300)	0.3250		
	配电车间		62052.98	52992(3180)	1.2457		
铸造车间	Ⅰ、Ⅱ型产品			15000	1.2457	18685.50	18685.50
	制造费用	机修		12400	0.3250	4030.00	5455.08
		配电		1144	1.2457	1425.08	
	合计					24140.58	24140.58
机械加工车间	Ⅰ、Ⅱ型产品			6000	1.2457	7474.20	7474.20
	制造费用	机修		30100	0.3250	9782.50	11830.43
		配电		1644	1.2457	2047.93	
	合计					19304.63	19304.63
装配车间	Ⅰ、Ⅱ型产品			3000	1.2457	3737.10	3737.10
	制造费用	机修		26026	0.3250	8458.45	9970.73
		配电		1214	1.2457	1512.28	
	合计					13707.83	13707.83
管理部门	机修			5000	0.3250	1622.18	28793.07
	配电			21810	1.2457	27170.89	
	合计					28793.07	28793.07
合计						85946.11	85946.11

表 3-7-5　　　　　　　　**动力费用在产品之间的分配**

2020 年 5 月 31 日　　　　　　　　　　　　　　　　　　　金额单位：元

项目		定额工时	分配率	分配额
铸造车间	Ⅰ型产品	3500		13079.85
	Ⅱ型产品	1500		5605.65
	合计	5000	3.7371	18685.50
机加工车间	Ⅰ型产品	6000		5979.36
	Ⅱ型产品	1500		1494.84
	合计	7500	0.9966	7474.20
装配车间	Ⅰ型产品	4500		2242.26
	Ⅱ型产品	3000		1494.84
	合计	7500	0.4983	3737.10
总计		20000		

实训

实训 3-8　分配辅助生产费用：直接分配法

画坊传动轴有限责任公司设有修理和运输两个辅助生产车间、部门。2020 年 5

月份修理车间发生费用 1.9 万元，提供修理劳动量 20000 小时，其中：为运输部门修理 1000 小时，为基本生产车间修理 16000 小时，为行政管理部门修理 3000 小时。运输部门本月发生费用 2 万元，提供运输 5000 千米，其中：为修理车间提供运输劳务 1000 千米，为基本生产车间提供运输劳务 3000 千米，为企业行政管理部门提供运输劳务 1000 千米。

要求：采用直接分配法分配辅助生产费用，并做出会计分录（保留两位小数）。

任务八　分配辅助生产费用（交互分配法）

［微课］
交互分配法

案例引入

案例 3-8　分配辅助生产费用之交互分配法

娄城机床厂主要生产Ⅰ型和Ⅱ型号机床，产品销往全国。厂内有铸造、机械加工、装配三个基本生产车间，顺序加工生产产品，各车间均不设半成品库；有机修和配电两个辅助生产车间，机修车间负责全厂机器设备的维修，配电车间负责外来电源并供给和记录全厂各部门的用电及电器修理。工时定额：铸造车间分别为 3500、1500 小时，机械加工车间分别为 6000、1500 小时，装配车间分别为 4500、3000 小时，其他相关资料见表 3-8-1、表 3-8-2、表 3-8-3。

表 3-8-1　　辅助车间提供用电、机修数量

日期：2020 年 12 月 31 日

辅助生产车间	铸造车间		机械加工车间		装配车间		机修车间	配电车间	厂部	合计
	生产	车间	生产	车间	生产	车间	生产	生产		
机修（小时）		12400		30100		26026		300	5000	73826
供电（度）	15000	1144	6000	1644	3000	1214	3180		21810	52992

表 3-8-2　　辅助生产成本明细账

车间：机修车间

2020 年		凭证号数	摘要	（借）方金额					
月	日			原材料	低值易耗品	人工费	水费	折旧	合计
12	31	转 1	领用原材料	7500					
		转 2	领用工具		3060				
		转 3	分配人工费			10495.98			
		转 4	水费				357.15		
		转 6	计提折旧					2480	
		合计							23893.13

表 3-8-3　　辅助生产成本明细账

车间：供电车间

2020 年		凭证号数	摘要	(借)方金额					
月	日			低值易耗品	人工费	水费	电费	折旧	合计
12	31	转 2	领用工具	460					
		转 3	分配人工费		4514. 4				
		转 4	水费			478. 58			
		转 5	电费				53000		
		转 6	计提折旧					3600	
		合计							62052. 98

要求：采用交互分配法分配辅助生产费用。

关键知识点

（一）交互分配法的概念

交互分配法是将辅助生产部门相互提供的劳务先行交互分配，然后将各辅助生产部门交互分配后的实际辅助生产费用，全部分配给辅助生产部门以外各受益单位的一种分配方法。

（二）交互分配法的特点

使用交互分配法分配辅助生产费用，需进行两次分配，先交互分配，然后进行直接对外分配。分配程序如下：

（1）计算交互分配的交互分配率。

交互分配率=辅助生产成本直接归集费用额/劳务供应总量

某辅助生产部门分入的辅助生产费用=该辅助生产部门受益的劳务量×对应的交互分配率

某辅助生产部门分出的辅助生产费用=提供给某辅助生产部门的劳务量×对应的交互分配率

（2）将交互分配后的辅助生产费用对外分配。

某辅助生产部门对外费用分配率=该辅助生产部门对外待分配费用/对外提供的劳务总量

某辅助生产部门对外待分配费用=该辅助生产部门直接费用+交互分入的费用-交互分出的费用

某受益单位应承担辅助生产费用=该单位受益的劳务量×对外费用分配率

案例讨论与讲解

案例 3-8　分析参考

第一步：交互分配

1. 机修车间费用分配

（1）计算分配率：23893. 13/73826=0. 3236 元/小时

（2）各单位受益额计算：

配电车间承担：0. 3036×300＝97. 08 元

铸造车间承担：0. 3036×12400＝4012. 64 元

机械加工车间承担：0. 3036×30100＝9740. 36 元

装配车间承担：0. 3036×26026＝8422. 01 元

行政部门：23893. 13－97. 08－4012. 64－9740. 36－8422. 01＝1621. 04 元

2. 配电车间费用分配

（1）计算分配率：62052. 98/52992＝1. 1710

（2）各单位受益额计算：

机修车间承担：1. 171×3180＝3723. 78 元

铸造车间产品承担：1. 171×15000＝17565 元

车间承担：1. 171×1144＝1339. 62 元

机械加工产品承担：1. 171×6000＝7026 元

车间承担：1. 171×1644＝1925. 12 元

装配车间产品承担：1. 171×3000＝3513 元

车间承担：1. 171×1214＝1421. 59 元

行政部门：62052. 98－3723. 78－17565－1339. 62－7026－1925. 12－3513－1421. 59＝25538. 86 元

3. 汇总辅助车间的费用

机修车间发生的费用总计：23893. 13－97. 08+3723. 78＝27519. 83 元

配电车间发生的费用总计：62052. 98－3723. 78+97. 08＝58426. 28 元

4. 分录

借：辅助生产成本——机修车间　　3723. 78

　　辅助生产成本——配电车间　　97. 08

贷：辅助生产成本——机修车间　　97. 08

　　辅助生产成本——配电车间　　3723. 78

第二步：直接分配（对外分配）

1. 机修费用

（1）对外分配率：27519. 83/(73826－300)＝0. 3743

（2）各单位受益额计算：

铸造车间承担：12400×0. 3743＝4641. 32 元

机械加工车间承担：30100×0. 3743＝11266. 43 元

装配车间承担：26026×0. 3743＝9741. 53 元

行政部门：27519. 83－8641. 32－11266. 43－9741. 53＝1870. 55 元

2. 配电费用

（1）对外分配率：58426. 28/(52992－3180)＝1. 1729

（2）各单位受益额计算：

铸造车间产品承担：15000×1. 1729＝17593. 5 元

　　　　车间承担：1144×1. 1729＝1341. 80 元

机械加工车间产品承担：6000×1.1729＝7037.4 元

车间承担：1644×1.1729＝1928.25 元

装配车间产品承担：3000×1.1729＝3518.7 元

车间承担：1214×1.1729＝1423.9 元

行政部门：58426.28－17593.5－1341.8－7037.4－1928.25－3518.7－1423.9＝25582.73 元

相关计算表，见表 3-8-4。

表 3-8-4　　辅助生产费用交互分配表

2020 年 5 月 31 日　　金额单位：元

项目			待分配辅助生产成本	劳务量	分配率	交互分配金额	合计
直接分配	机修车间		23893.13	73826	0.3236	3626.7	27519.83
	配电车间		62052.98	52992	1.1710	−3626.7	58426.28
对外分配	机修车间		27519.83	73526	0.3743		
	配电车间		58426.28	49812	1.1729		
铸造车间	Ⅰ、Ⅱ型产品		28	15000	1.1729	17593.50	17593.50
	制造费用	机修		12400	0.3743	4641.32	5983.12
		配电		1144	1.1729	1341.80	
	合计					23576.62	23576.62
机械加工车间	Ⅰ、Ⅱ型产品			6000	1.1729	7037.40	7037.40
	制造费用	机修		30100	0.3743	11266.43	13194.68
		配电		1644	1.1729	1928.25	
	合计					20232.08	20232.08
装配车间	Ⅰ、Ⅱ型产品			3000	1.1729	3518.70	3518.70
	制造费用	机修		26026	0.3743	9741.53	11165.43
		配电		1214	1.1729	1423.90	
	合计					14684.13	14684.13
管理部门	机修			5000	0.3743	1870.55	27453.28
	配电			21810	1.1729	25582.73	
	合计					27453.28	27453.28
合计						85946.11	85946.11

3. 辅助生产费用分配后分录

借：基本生产成本——铸造车间　　17593.5

——机械加工车间　　7037.4

——装配车间　　3518.7

制造费用——铸造车间　　5983.12

——机械加工车间　　13194.68

——装配车间　　11165.43

管理费用　　27453.28

贷：辅助生产成本——机修车间　23893.13

——配电车间　62052.98

4. 生产成本在产品之间的分配（表 3-8-5）

表 3-8-5　动力费用在产品之间的分配

2020 年 5 月 31 日　金额单位：元

项目		定额工时	分配率	分配额
铸造车间	Ⅰ型产品	3500		12315.45
	Ⅱ型产品	1500		5278.05
	合计	5000	3.5187	17593.50
机加工车间	Ⅰ型产品	6000		5979.36
	Ⅱ型产品	1500		1494.84
	合计	7500	0.9966	7474.20
装配车间	Ⅰ型产品	4500		2242.26
	Ⅱ型产品	3000		1494.84
	合计	7500	0.4983	3737.10
总计		20000		

生产成本在产品之间分配后分录：

借：基本生产成本——铸造车间（Ⅰ型）　12315.45

——铸造车间（Ⅱ型）　5278.05

——机械加工车间（Ⅰ型）　5979.36

——机械加工车间（Ⅱ型）　1494.84

——装配车间（Ⅰ型）　2242.26

——装配车间（Ⅱ型）　1494.84

制造费用——铸造车间　5983.12

——机械加工车间　13194.68

——装配车间　11165.43

管理费用　27453.28

贷：辅助生产成本——机修车间　23893.13

——配电车间　62052.98

实训

实训 3-9　分配辅助生产费用：交互分配法

画坊传动轴有限责任公司设有修理和运输两个辅助生产车间、部门。2020 年 5 月份修理车间发生费用 1.9 万元，提供修理劳动量 20000 小时，其中：为运输部门修理 1000 小时，为基本生产车间修理 16000 小时，为行政管理部门修理 3000 小时。运输部门本月发生的费用 2 万元，提供运输 5000 千米，其中：为修理车间提供运输劳务 1000 千米，为基本生产车间提供运输劳务 3000 千米，为行政管理部门提供运输劳务 1000 千米。

要求：采用交互分配法分配辅助生产费用，并做出会计分录（保留两位小数）。

任务九　分配辅助生产费用（代数分配法）

［微课］

代数分配法

案例引入

案例 3-9　分配辅助生产费用之代数分配法

画坊传动轴有限责任公司设有修理和运输两个辅助生产车间、部门。2020 年 5 月份修理车间发生费用 1.9 万元，提供修理劳动量 20000 小时，其中：为运输部门修理 1000 小时，为基本生产车间修理 16000 小时，为行政管理部门修理 3000 小时。运输部门本月发生的费用 2 万元，提供运输 5000 千米，其中：为修理车间提供运输劳务 1000 千米，为基本生产车间提供运输劳务 3000 千米，为行政管理部门提供运输劳务 1000 千米。

要求：采用代数分配法分配辅助生产费用，并做出会计分录（保留两位小数）。

关键知识点

（一）代数分配法的概念

代数分配法是指运用代数中解联立方程式原理求出辅助生产单位劳务或产品的单位成本以后，再按各个受益对象耗用劳务或产品数量分配辅助生产费用的一种方法。

（二）代数分配法的应用步骤

（1）设辅助生产单位成本为未知数，如甲车间的为 x，乙车间的为 y，并根据辅助生产车间之间交互服务关系建立关于 $x+y$ 的方程组，解方程组，算出各种产品或劳务的单位成本。

（2）用辅助生产单位成本乘以各受益部门的耗用量，求出各受益部门应承担的辅助生产费用。

案例讨论与讲解

案例 3-9　分析参考

1. 设置代数

设修理车间为 X 元/小时，运输车间为 Y 元/千米

2. 建立方程式

修理车间：$20000X=19000+1000Y$　$20X=19+Y$　$20X-Y=19$　$100X-5Y=95$　（1）

运输部门：$5000Y=20000+1000X$　$5Y=20+X$　（2）

3. 解方程组

（1）+（2）得：$100X=95+20+X$　　$99X=115$

$X=1.1616$　　$Y=20X-19=4.232$

4. 计算各部分的受益额

基本生产车间：$16000\times1.1616+3000\times4.232=18585.6+12696.00=31281.6$ 元

行政部门：$(19000-18585.6)+(20000-12696)=414.4+7304=7718.4$ 元

5. 账务处理

借：基本生产成本　　31281.6

　　管理费用　　7718.4

　　贷：辅助生产成本——运输车间　　20000

　　　　　　　　　　——修理车间　　19000

实训

实训 3-10　分配辅助生产费用：代数分配法

2020 年 5 月份某公司修理车间发生费用 1 万元，提供修理劳动量 20000 小时，其中：为运输部门修理 1000 小时，为基本生产车间修理 16000 小时，为行政管理部门修理 3000 小时。运输部门本月发生的费用 2.5 万元，提供运输 5000 千米，其中：为修理车间提供运输劳务 1000 千米，为基本生产车间提供运输劳务 3000 千米，为行政管理部门提供运输劳务 1000 千米。

要求：采用代数分配法分配辅助生产费用，并做出会计分录（保留两位小数）。

任务十　分配辅助生产费用（顺序分配法）

［微课］

顺序分配法

案例引入

案例 3-10　分配辅助生产费用之顺序分配法

画坊传动轴有限责任公司设有修理和运输两个辅助生产车间、部门。2020 年 5 月份修理车间发生费用 1.9 万元，提供修理劳动量 20000 小时，其中：为运输部门修理 1000 小时，为基本生产车间修理 16000 小时，为行政管理部门修理 3000 小时。运输部门本月发生的费用 2 万元，提供运输 5000 千米，其中：为修理车间提供运输劳务 1000 千米，为基本生产车间提供运输劳务 3000 千米，为行政管理部门提供运输劳务 1000 千米。

要求：采用顺序法分配辅助生产费用，并做出会计分录（保留两位小数）。

关键知识点

（一）顺序分配法的概念

顺序分配法又称阶梯法，它是指将各辅助生产部门分配费用按照受益多少的顺序排列，受益少的排在前面，先行分配，受益多的排在后面，再行分配的一种方法。其分配特点是，前者分配给后者，而后者不分配给前者，后者的分配额等于其直接费用加上前者分配来的费用之和，即前者使用交互分配法，后者使用直接分配法。

（二）顺序分配法的应用步骤

（1）确定辅助车间的分配顺序。确定依据是各辅助车间的受益额。

（2）按顺序分配辅助生产费用。受益少的先分配，使用交互分配法，后分配的辅助车间费用使用直接分配法进行分配。

顺序分配法适用于辅助生产车间较多，相互耗用的劳务金额相差较大的企业。

案例讨论与讲解

案例 3-10　分析参考

第一步，确定辅助车间分配顺序。

运输车间受益额 = 19000/20000×1000 = 950 元

修理车间受益额 = 20000/5000×1000 = 4000 元

因受益少的先分配，所以先分配运输车间。

第二步，按顺序分配辅助生产费用。

1. 先分配运输车间的费用，采用交互法

运输部门应分配的费用：20000 元

运输部门分配率：20000/5000 = 4

修理车间承担：1000×4 = 4000 元

基本车间承担：3000×4 = 12000 元

行政部门：1000×4 = 4000 元

分录：借：辅助生产成本——修理　　4000

　　　　　制造费用——基本生产车间　　12000

　　　　　管理费用　　4000

　　　贷：辅助生产成本——运输　　20000

2. 后分配修理车间的费用，采用直接分配法

修理车间应分配的费用：19000+4000 = 23000 元

分配率：23000/(20000－1000) = 23/19 = 1. 2105

基本车间承担：16000×1. 2105 = 19368 元

行政部门：23000－19368 = 3632 元

分录：借：制造费用——基本生产车间　　19368

　　　　　管理费用　　3632

　　　贷：辅助生产成本——修理　　23000

实训

实训 3-11　分配辅助生产费用：顺序分配法

画坊传动轴有限责任公司设有修理和运输两个辅助生产车间、部门。2020 年 5 月份修理车间发生费用 1 万元，提供修理劳动量 25000 小时，其中：为运输部门修理 1000 小时，为基本生产车间修理 16000 小时，为行政管理部门修理 3000 小时。运输部门本月发生的费用 2. 5 万元，提供运输 5000 千米，其中：为修理车间提供运输劳务 1000 千米，为基本生产车间提供运输劳务 3000 千米，为行政管理部门提供运输劳务 1000 千米。

要求：采用顺序分配法分配辅助生产费用，并做出会计分录（保留两位小数）。

任务十一　分配辅助生产费用（计划成本分配法）

[微课]
计划成本分配法

案例引入

案例 3-11　分配辅助生产费用之计划成本分配法

画坊传动轴有限责任公司设有修理和运输两个辅助生产车间、部门。2020 年 5 月份修理车间发生费用 1.9 万元，提供修理劳动量 20000 小时，其中：为运输部门修理 1000 小时，为基本生产车间修理 16000 小时，为行政管理部门修理 3000 小时。运输部门本月发生的费用 2 万元，提供运输 5000 千米，其中：为修理车间提供运输劳务 1000 千米，为基本生产车间提供运输劳务 3000 千米，为行政管理部门提供运输劳务 1000 千米。计划运输费为 3.98 元/千米，修理费为 1.22 元/小时。

要求：采用计划成本分配法分配辅助生产费用，并做出会计分录（保留两位小数）。

关键知识点

（一）计划成本分配法的概念

计划成本分配法是根据辅助生产提供劳务的计划单位成本和各受益单位的受益量分配辅助生产费用的一种方法。应用计划成本法需进行两次分配，先按劳务的计划单位成本分配辅助生产部门为各受益单位（包括其他辅助生产部门）提供的费用，然后将辅助生产部门实际发生的费用（包括交互分配转入的费用在内）与按计划成本分配出去的费用的差额，即成本差异，分配给辅助生产以外的受益单位。

（二）计划成本分配法的应用步骤

（1）按计划成本分配辅助生产费用。

某受益对象应承担的劳务费用（含辅助生产部门）= 该受益对象的受益数量×计划单位成本

（2）分配计划成本差异。

成本差异 = 各辅助生产部门发生的费用+按计划成本分配转入的费用−按计划成本分配转出的费用

成本差异分配率 = 成本差异/辅助生产部门以外的受益单位劳务量（或分配的计划成本）

某受益单位应分成本差异 = 该受益单位受益量（或分摊的计划成本）×成本差异分配率

（3）分配成本差异。成本差异采用直接分配法，如果差异金额较少则不需分配，直接计入管理费用。

案例讨论与讲解

案例 3-11　分析参考

第一步：按计划成本分配

1. 运输部门费用分配

修理车间：1000×3.98=3980 元

生产车间：3000×3.98=11940 元

行政部门：1000×3.98=3980 元

2. 修理车间费用分配

运输部门：1000×1.22=1220 元

生产车间：16000×1.22=19520 元

行政部门：3000×1.22=3660 元

第二步：分配成本差异

计划成本总额：

运输部门：3980+11940+3980=19900 元

修理车间：1220+19520+3660=24400 元

成本差异：

运输部门：20000+1220−19900=1320 元

修理车间：19000+3980−24400=−1420 元

第三步：分录

1. 按计划成本分配的分录

借：制造费用——生产车间　　11940+19520=31460

　　辅助生产成本——修理　　3980

　　　　　　　　——运输　　1220

　　管理费用　　3980+3660=7640

　贷：辅助生产成本——修理　　24400

　　　　　　　　——运输　　19900

2. 按实际成本分配的分录

借：管理费用　　−100

　贷：辅助生产成本——修理　　−1420

　　　　　　　　——运输　　1320

本案例中，计划成本差异较小，直接计入管理费用。

实训

实训 3-12　分配辅助生产费用：计划成本分配法

画坊传动轴有限责任公司设有修理和运输两个辅助生产车间、部门。2020 年 5 月份修理车间发生费用 2.1 万元，提供修理劳动量 21000 小时，其中：为运输部门修理 1000 小时，为基本生产车间修理 16000 小时，为行政管理部门修理 4000 小时。运输部门本月发生的费用 3 万元，提供运输 6000 千米，其中：为修理车间提供运输劳务 1000 千米，为基本生产车间提供运输劳务 3000 千米，为行政管理部门提供运输劳务 2000 千米。计划运输费为 3.8 元/千米，修理费为 1.5 元/小时。

要求：采用计划成本分配法分配辅助生产费用，并做出会计分录（保留两位小数）。

任务十二 归集与分配制造费用

［微课］
归集制造费用

案例引入

案例 3-12 制造费用的归集与分配（生产工人工时比例法）

江南机械厂设有铸造、机械加工、装配三个基本车间，有供电、维修两个辅助车间。

顺序加工 1、2 号产品，2020 年 5 月各领用工具 700 元、494 元、990 元，各车间管理人员工资分别为：4902 元、4560 元、3516. 9 元，各车间水费分别为 1071. 45 元、785. 73 元、571. 44 元；累计折旧费分别为 17640 元、41900 元、27000 元，辅助车间结转的费用分别为 5983. 12 元、13194. 68 元、11165. 43 元。

各产品在各车间的生产工人工时为：1 号产品分别为 3500、6000、4500 工时，2 号产品分别为 1500、1500、3000 工时。

各产品在各车间的生产工人工资为：1 号产品分别为 3. 5 万、6 万、4. 5 万元，2 号产品分别为 1. 5 万、1. 5 万、3 万元。

各产品的机器工时为：1 号产品分别为 2500、4000、3500 工时，2 号产品分别为 1500、2500、3000 工时。

要求：

（1）归集各车间制造费用。

（2）采用生产工人工时比例法分配各车间制造费用（计算结果保留两位）。

案例 3-13 制造费用的归集与分配（年度计划分配率法）

江南机械厂设有铸造、机械加工、装配三个基本车间，有供电、维修两个辅助车间。预计 2020 年制造费用分别为：3 万元、6 万元、5 万元；经归集得知：铸造车间、机械加工车间、装配车间顺序加工 1、2 号产品，2020 年制造费用实际数分别为 30296. 57 元、60934. 41 元、43243. 77 元；1、2 号产品全年计划产量分别为 2000、5000 件，单位定额工时为：1 号产品分别为 1. 1、1. 2 工时，2 号产品分别是 1. 5、1. 5、1 工时。1、2 号产品的实际产量分别为 2100、4800 件。

要求：采用年度计划分配率法分配各车间的制造费用。

关键知识点

（一）制造费用的概念

制造费用是指为生产产品而发生、应计入产品成本、未单独设置成本项目的费用以及间接费用（如折旧费、修理费等）；关于燃料及动力费用，如果在“基本生产成本”账户中有单独的成本项目，则计入“基本生产成本”账户，否则计入制造费用。

制造费用最终只能由本车间产品承担。

制造费用的主要内容包括：

（1）直接用于产品生产，未单独设置成本项目的费用，如燃料及动力费、机器设备折旧费、修理费、租赁费、保险费、车间工具费、图纸设计费、产品试验检验费等。

（2）间接用于产品生产，未单独设置成本项目的费用，如房屋建筑物折旧费、修理费、保险费、租赁费、机物料消耗、车间费用（照明、取暖、降温、通风、除尘等）、劳保费、季节性停工或固定资产大修理期间损失等。

（3）为组织和管理产品生产而发生的费用，如生产管理人员工资、办公费等。

（二）制造费用的归集

制造费用的归集是在生产费用发生时按照受益车间归属到“制造费用”账户中的过程和结果。

制造费用通过“制造费用”账户归集和分配，为了反映各个生产车间的费用发生情况，在“制造费用”账户下，按不同的生产车间分户，按费用项目设置专栏，进行制造费用的明细分类核算。

归集制造费用时的业务处理分录为：

借：制造费用——×××车间

　　贷：周转材料/应付职工薪酬/应付账款/累计折旧/辅助生产成本等

同时登记制造费用明细账与总账。

（三）制造费用的分配

1. 概念

制造费用的分配是指将归集到的制造费用在会计期末，按一定的方法分配到有关产品中去的过程。

2. 分配的原则

在基本生产部门只生产一种产品的情况下，其归集的制造费用应直接计入该种产品的成本；在生产多种产品的情况下，则制造费用应采用适当的分配方法分配计入各种产品的成本。

3. 分配的方法

制造费用分配的方法主要有生产工人工时比例法、生产工人工资比例法、机器工时比例法、年度计划分配率法等。其分配标准分别是：生产工人工时、生产工人工资、机器工时、年度计划等。

生产工人工时比例法是指将制造费用按生产工人工时标准进行分配制造费用的方法。其优点是能将劳动效率与产品负担的费用结合起来，使分配结果较为合理，该方法在实际工作中应用较多。

生产工人工资比例法是指按各种产品所用生产工人工资的比例分配制造费用的方法。优点是核算工作简单，费用负担较为合理。

机器工时比例法是指按各种产品所用机器工时的比例分配制造费用的方法。该方法在当机器设备是主要生产要素时，运用较为合理。

应用以上三种分配方法时的步骤如下：

（1）确定要分配的制造费用总额。

（2）确定分配标准与分配方法。

（3）确定分配标准总额，如生产工人工时总额、生产工人工资总额、机器工时总额。

（4）计算分配率。分配率=应分配的制造费用总额/分配标准总额。

（5）计算各产品应承担的制作费用。

年度计划分配率法又称为预定分配率法，是指根据正常生产条件下年度制造费用预算数和预计产量的定额标准数预先计算分配率，然后按此分配率分配制造费用的一种方法。即：

（1）确定应分配的金额为：年度制造费用预算数

（2）确定分配标准为：预计产量的定额标准数

（3）分配率=年度制造费用预算数/预计产量的定额标准数

（4）某产品承担的制造费用=该产品实际产量定额标准×分配率

年末，将差异按已分配的比例进行再次分配，并计入产品成本。

当实际数>已分配数，则用蓝字补记；当实际数<已分配数，则用红字冲回。其优点是手续简单，适用于季节性生产企业。

案例讨论与讲解

案例 3-12　分析参考

1. 归集各车间制造费用（表 3-12-1、表 3-12-2、表 3-12-3）

表 3-12-1　　制造费用明细账

一级科目编号及名称：制造费用　　一级科目编号及名称：铸造车间

2020 年		凭证号数	摘要	(借)方金额					
月	日			周转材料	应付职工薪酬	水费	折旧费	辅助生产成本	合计
12	31	转 1	归集各项制造费用	700.00	4902.00	1071.45	17640.00	5983.12	30296.57
12	31	转 2	分配制造费用						30296.57

表 3-12-2　　制造费用明细账

一级科目编号及名称：制造费用　　一级科目编号及名称：机械加工车间

2020 年		凭证号数	摘要	(借)方金额					
月	日			周转材料	应付职工薪酬	水费	折旧费	辅助生产成本	合计
12	31	转 1	归集各项制造费用	494.00	4560.00	785.73	41900.00	13194.68	60934.41
12	31	转 2	分配制造费用						60934.41

表 3-12-3　　制造费用明细账

一级科目编号及名称：制造费用　　一级科目编号及名称：装配车间

2020 年		凭证号数	摘要	(借)方金额					
月	日			周转材料	应付职工薪酬	水费	折旧费	辅助生产成本	合计
12	31	转 1	归集各项制造费用	990.00	3516.90	571.44	27000.00	11165.43	43243.77
12	31	转 2	分配制造费用						43243.77

分录：

借：制造费用——铸造车间　700+4902+1071.45+17640+5983.12

　　　　　　——机械加工　494+4560+785.73+17640+13194.68

　　　　　　——装配车间　990+3516.9+571.44+27000+11165.43

贷：周转材料　　2184

　　应付职工薪酬　　12978. 9

　　应付账款——自来水公司　　2428. 62

　　累计折旧　　86540

　　辅助生产成本　　30343. 23

2. 采用生产工人工时比例法分配各车间制造费用

（1）铸造车间制造费用的分配。

应分配的制造费用：30296. 57 元

分配标准：生产工人工时为：1 号产品 3500 工时，2 号产品 1500 工时

分配率：30296. 57/(3500+1500)= 6. 0593

分配额：1 号产品承担的制造费用：3500×6. 0593 = 21207. 55 元

　　　　2 号产品承担的制造费用：30296. 57−21207. 55 = 9089. 02 元

分录：

借：基本生产成本——1 号产品（制造费用）　　21207. 55

　　　　　　　　——2 号产品（制造费用）　　9089. 02

　贷：制造费用——铸造车间　　30296. 57

（2）机械加工车间制造费用的分配。

应分配的制造费用：60934. 41 元

分配标准：生产工人工时为：1 号产品 6000 工时，2 号产品 1500 工时

分配率：60934. 41/(6000+1500)= 8. 1246

分配额：1 号产品承担的制造费用：6000×8. 1246 = 48747. 60 元

　　　　2 号产品承担的制造费用：60934. 41 -48747. 60 = 12186. 81 元

分录：

借：基本生产成本——1 号产品（制造费用）　　48747. 60

　　　　　　　　——2 号产品（制造费用）　　12186. 81

　贷：制造费用——机械加工车间　　60934. 41

（3）装配车间制造费用的分配。

应分配的制造费用：43243. 77 元

分配标准：生产工人工时为：1 号产品 4500 工时，2 号产品 3000 工时

分配率：43243. 77/(4500+3000)= 5. 7658

分配额：1 号产品应承担的制造费用：4500×5. 7658 = 25946. 10 元

　　　　2 号产品应承担的制造费用：43243. 77−25946. 10 = 17297. 67 元

分录：

借：基本生产成本——1 号产品（制造费用）　　25946. 10

　　　　　　　　——2 号产品（制造费用）　　17297. 67

　贷：制造费用——铸造车间　　43243. 77

案例 3-13 分析参考

1. 铸造车间制造费用的分配

已知：制造费用年计划数：370000 元　　5 月实际数：30296. 57 元

1、2 号产品本年计划产量分别为 25000、66000 件

1、2 号产品本月计划产量分别为 2000、5000 件

1、2 号产品单位定额工时分别为：1. 1、1. 5 工时

1、2 号产品本月实际产量分别为：2100、4800 件

（1）计算年度计划分配率。

分配率＝370000/(25000×1. 1+66000×1. 5)＝2. 9249

（2）计算差异分配率。

1 号产品计划承担的制造费用：2100×1. 1×2. 9249＝6756. 52 元

2 号产品计划承担的制造费用：4800×1. 5×2. 9249＝21059. 28 元

差异额：30296. 57－(6756. 52+21059. 28)＝2480. 77 元

差异分配率＝2480. 77/(6756. 52+21059. 28)＝884. 04/29412. 53＝0. 0892

（3）分配差异。

1 号产品承担的差异额：6756. 52×0. 0892＝602. 68 元

2 号产品承担的差异额：2480. 77－602. 68＝1878. 09 元

（4）计算各产品承担的制造费用。

1 号产品：6756. 52+602. 68＝7359. 2 元

2 号产品：21059. 28+1878. 09＝22937. 37 元

（5）账务处理。

借：基本生产成本——1 号产品　　7359. 2

　　　　　　　　——2 号产品　　22937. 37

　贷：制造费用——铸造车间　　30296. 57

2. 机械加工车间制造费用的分配

已知：制造费用年计划数：720000 元　　5 月实际数：60934. 41 元

1、2 号产品本年计划产量分别为 25000、66000 件

1、2 号产品本月计划产量分别为 2000、5000 件

1、2 号产品单位定额工时分别为 1、1. 5 工时

1、2 号产品本月实际产量分别为 2100、4800 件。

（1）计算年度计划分配率。

分配率＝720000/(25000×1+66000×1. 5)＝5. 8065

（2）计算差异分配率。

1 号产品计划承担的制造费用：2100×1×5. 8065＝12193. 65 元

2 号产品计划承担的制造费用：4800×1. 5×5. 8065＝41806. 8 元

差异额：60934. 41－(12193. 65+41806. 8)＝6933. 96 元

差异分配率＝6933. 96/(12193. 65+41806. 8)＝0. 1284

（3）分配差异。

1 号产品承担的差异额：12193.65×0.1284＝1565.67 元

2 号产品承担的差异额：6933.96－1565.67＝5368.29 元

（4）计算各产品承担的制造费用。

1 号产品：12193.65+1565.67＝13759.32 元

2 号产品：41806.8+5368.29＝47178.19 元

（5）账务处理。

借：基本生产成本——1 号产品　　13759.32

　　　　　　　　——2 号产品　　47178.09

　　贷：制造费用——机械加工车间　　60937.41

3. 装配车间制造费用的分配

已知：制造费用年计划数：600000 元　　5 月实际数：43243.77 元

1、2 号产品本年计划产量分别为 25000、66000 件

1、2 号产品本月计划产量分别为 2000、5000 件

1、2 号产品单位定额工时分别为 2、1 工时

1、2 号产品本月实际产量分别为 2100、4800 件

（1）计算年度计划分配率。

分配率＝600000/（25000×2+66000×1）＝5.1724

（2）计算差异分配率。

1 号产品计划承担的制造费用：2100×2×5.1724＝21724.08 元

2 号产品计划承担的制造费用：4800×1×5.1724＝24827.52 元

差异额：43243.77－（21724.08+24827.52）＝－3307.83 元

差异分配率＝－3307.83/（21724.08+24827.52）＝－0.0711

（3）分配差异。

1 号产品承担的差异额：－21724.08×0.0711＝－1544.58 元

2 号产品承担的差异额：－3307.83－（－1544.58）＝－1763.25 元

（4）计算各产品承担的制造费用。

1 号产品：21724.08－1544.58＝20179.5 元

2 号产品：24827.52－1763.25＝23064.27 元

（5）账务处理。

借：基本生产成本——1 号产品　　20179.5

　　　　　　　　——2 号产品　　23064.27

　　贷：制造费用——机械加工车间　　43243.77

实训

实训 3-13　制造费用的归集与分配

吉兴工厂 2020 年 6 月份生产 A、B、C 三种产品时，发生制造费用 5.4 万元。根据资料统计提供的生产工时：A 产品生产工时为 28000 小时，B 产品生产工时为 22000 小时，C 产品生产工时为 10000 小时。

预计 2020 年制造费用分别为 80 万元；A、B、C 三种产品全年计划产量分别为 2000、5000、8000 件，单位定额工时分别为：1、1.2、0.8 工时，A、B、C 三种产品的实际产量分别为 2100、4800、7800 件。

要求：（1）按生产工人工时比例法分配制造费用。

（2）按年度计划分配率法分配制造费用。

（3）编制结转制造费用的会计分录。

任务十三　核算生产损失

案例引入

案例 3-14　不可修复废品按实际成本法处理废品损失

娄双工厂基本生产车间生产甲产品 800 件，生产过程中出现不可修复废品 20 件。生产材料在开始生产时一次投入。本月生产甲产品的生产费用为：材料费用 9.9 万元，人工费用 2.8 万元，制造费用为 2.998 万元，合计 15.698 万元，废品残料入库 1200 元，分配材料费用时、废品按完工产品计算时、分配其他生产费用时、废品折合约当产量 10 件。

要求：确认废品损失并进行会计处理。

案例 3-15　不可修复废品按定额成本法处理废品损失

娄大制造厂基本生产车间生产 A 产品，本月发生不可修复废品 20 件，采用定额成本法计算废品损失，A 产品单位材料成本为 300 针孔，核定定额工时 20 时，每小时定额人工费 6 元，每小时定额制造费用 4 元，该产品所耗生产材料在生产时一次投入，废品平均完工率为 50%，废品残值共 500 元，责任人赔偿 1000 元。

要求：计算废品损失。

案例 3-16　可修复废品按实际成本法处理废品损失

根据江南机械厂的废品通知单的数据（表 3-13-1）情况进行会计处理。

表 3-13-1　　江南机械厂废品通知单

<table>
<tr><td colspan="7">废品所处阶段</td><td colspan="2">工位号</td><td>补废工号</td><td>责任单位</td></tr>
<tr><td>年</td><td>月</td><td>日</td><td colspan="2">车间</td><td>班组</td><td>责任人</td><td colspan="2"></td><td></td><td>机加工车间</td></tr>
<tr><td></td><td></td><td></td><td colspan="2">机加工</td><td>锻造组</td><td>刘珊</td><td colspan="2"></td><td></td><td></td></tr>
<tr><td rowspan="3">废品</td><td colspan="2">名称</td><td colspan="4">轴承</td><td>工序</td><td colspan="3">二次下料　车压型</td></tr>
<tr><td colspan="2">数量</td><td colspan="2">20</td><td>单重</td><td>15</td><td rowspan="2" colspan="2">发现单位：质检员</td><td colspan="2">调送：　年　月</td></tr>
<tr><td colspan="2">材质</td><td colspan="2"></td><td>总重</td><td>300</td><td colspan="2">经手人：</td></tr>
<tr><td colspan="3">废品缺陷</td><td colspan="5">精度 2　压型度 5</td><td>原因</td><td colspan="2">操作者、机器</td></tr>
<tr><td rowspan="2" colspan="2">费用金额（单位：元）</td><td>工时</td><td>工资</td><td>材料</td><td>制造费用</td><td>损失总额</td><td>残值</td><td>赔偿</td><td>净损失额</td><td>审定签字</td></tr>
<tr><td>40</td><td>4000</td><td>1612.66</td><td>512</td><td>6124.66</td><td>1000</td><td>2000</td><td>3124.66</td><td>刘丽</td></tr>
</table>

关键知识点

[微课]
废品损失的核算

（一）基本概念

1. 生产损失

生产损失是指企业在生产产品过程中不能正常生产产品所发生的耗费。

生产损失包括：①产品生产过程中发生的正常损耗；②产生的边角废料；③不符合产品质量标准的废品损失；④因各种原因停工而造成的损失等。

2. 废品及废品损失

（1）废品。废品是指不符合规定的技术标准、不能按原定用途使用、或者需经过加工修理后才能正常使用的产品。废品包括：不合格在产品、不合格半成品、不合格产成品。废品不包括：次品、等外品、合格品入库后的损坏变质品、在产品销售时发现的废品、三包产品出售后的废品。

废品可以分为：可修复废品、不可修复废品。可修复废品是指可进一步修理加工成合格品的废品。不可修复废品是不能进行修复或修复成本过大的废品。

（2）废品损失。废品损失是指废品所应承担的生产成本。

3. 废品损失核算账户设置

“废品损失”账户：成本类，借方登记不可修复废品的生产成本和可修复废品的修复费用；贷方登记废品材料的收回、收到的赔偿、分配转出的废品损失。

同时在“基本生产成本”账户下设“废品损失”成本项目。

（二）不可修复废品损失的核算

1. 不可修复废品损失的核算步骤

主要核算步骤：确认废品损失的发生——废品损失核算。

2. 不可修复废品损失的计算方法

不可修复废品损失的计算方法有实际成本计算法、定额成本计算法。

3. 实际成本法核算

实际成本法核算即将某产品全部生产费用在合格品和废品之间分配。实际成本法核算进行废品损失核算的步骤：

（1）应分配金额：某产品全部生产成本。

（2）分配标准：产品数量——约当产量法。

（3）分配标准总数：合格品数量+废品的约当产量。

（4）分配率=费用总额/(合格品数+废品的约当产量)。

（5）废品损失=分配率×废品的约当产量。

4. 定额成本法核算

定额成本法核算即废品损失按废品数量和事先核定的各项定额费用计算出废品的定额成本，再扣除废品残值和责任人赔偿后的余额作为废品损失。

5. 账务处理

（1）计算废品损失。

借：废品损失——××产品

　　贷：基本生产成本——××产品

（2）收回废品残值。

借：原材料

　　贷：废品损失——××产品

（3）确定赔偿款。

借：其他应收款

　　贷：废品损失——××产品

（4）结转废品损失。

借：基本生产成本——××产品

　　贷：废品损失——××产品

（三）可修复废品损失的核算

可修复废品按修复过程中实际发生的费用额进行计算。

1. 计算公式

可修复废品损失=修复废品材料费+修复废品人工费+修复废品制造费用-赔偿收入或收回的残值收入。

2. 账务处理

（1）发生修复费用时。

借：废品损失——××产品

　　贷：原材料/应付职工薪酬/银行存款/制造费用……

（2）确定责任人赔偿及残料入库。

借：其他应收款/原材料

　　贷：废品损失—××产品

（3）产品修复结转废品损失。

借：基本生产成本——××产品

　　贷：废品损失——××产品

（四）停工损失的核算

1. 停工损失的概念

企业发生非季节性停工所造成的损失，造成停工的主要原因是停电、待料、机器故障或大修、灾害或事故、计划减产等。停工损失由停工期间消耗的燃料及动力费、工资及福利费和制造费用等构成。由过失方或者保险公司支付的赔偿款冲减停工损失。

2. 停工损失的账户设置

可设置“停工损失”账户进行停工损失的核算。借方登记发生的停工损失，贷方登记分配结转的停工损失，包括赔偿、非正常损失处理等。若期末无余额，可以按车间、产品品种、批次等设置明细。同时在“基本生产成本”账户成本项目中增设“停工损失”成本项目。

3. 停工损失的账务处理。

（1）发生停工损失。

借：停工损失—— ××产品

　　贷：应付职工薪酬/累计折旧/制造费用

（2）分配结转停工损失。

借：基本生产成本——××产品（停工损失）

　　其他应收款（赔偿）

　　营业外支出（非正常损失）

　　贷：停工损失—— ××产品

可以不设停工损失科目，而将损失直接计入制造费用、其他应收账款、营业外支出等。

案例讨论与讲解

案例 3-14 分析参考

1. 计算废品损失（表 3-13-2）

表 3-13-2　　不可修复废品损失计算表

生产车间：基本生产车间

产品名称：甲产品　　金额单位：元

项目	产量	直接材料	约当产量	直接人工	制造费用	成本合计
生产费用	800	99000	780+10=790	28000	29980	156980
分配率		99000/800=123.75		28000/790=35.443	37.9494	
废品成本	10	10×123.75=1237.5	10	35.443×10=354.43	37.9494×10=379.5	1971.43
残料收回		-1200				-1200
废品损失		1237.5-1200=37.5		354.43	379.5	771.43

2. 会计处理

（1）计算废品损失。

借：废品损失——甲产品　　1971.43

　　贷：基本生产成本——甲产品　　1971.43

（2）收回废品残值。

借：原材料　　1200

　　贷：废品损失——甲产品　　1200

（3）结转废品损失。

借：基本生产成本——甲产品　　771.43

　　贷：废品损失——甲产品　　771.43

案例 3-15 分析参考

1. 计算废品损失（表 3-13-3）

说明：

直接材料损失 = 30×400 = 12000 元

直接人工损失 = 30×30×8×50% = 3600 元

制造费用损失 = 30×30×4×50% = 1800 元

表 3-13-3　　　　　　　　　　不可修复废品损失计算表

生产车间：基本生产车间

产品名称：A 产品　　　　　　　　　　　　　　　　　　　　　　　　金额单位：元

项目	废品数量	直接材料	工时			直接人工	制造费用	合计
			定额工时	完工率	已耗工时			
单位定额	30	400	30	50%	15	8	4	
废品定额成本		12000				3600	1800	17400
减：残值收回		500						500
赔偿款		1000						1000
废品损失额		10500				3600	1800	18900

2. 会计处理

（1）计算废品损失。

借：废品损失——A 产品　　18900

　　贷：基本生产成本——A 产品　　18900

（2）收回废品残值。

借：原材料　　500

　　贷：废品损失——A 产品　　500

（3）确定赔偿款。

借：其他应收款　　1000

　　贷：废品损失——A 产品　　1000

（4）结转废品损失。

借：基本生产成本——A 产品　　18400

　　贷：废品损失——A 产品　　18400

案例 3-16　分析参考

根据废品通知单数据可知，经济损失为：材料 1612.66 元，人工 4000 元，制造费用 512 元，损失总额 6124.66 元，残值收入 1000 元，赔偿 2000 元。

分录：

借：废品损失　　6124.66

　　贷：基本生产成本——轴承　　6124.66

借：原材料　　1000

　　其他应收款　　2000

　　贷：废品损失　　3000

借：基本生产成本——轴承　　3124.66

　　贷：废品损失　　3124.66

实训

实训 3-14　不可修复废品的核算

江南机械厂设有铸造、机械加工、装配三个基本车间，有供电、维修两个辅助车间。

2020 年 10 月份，1、2 号产品的实际产量分别为 2100 件、4800 件，其中不可修复废品分别为 20、50 件，两种产品的材料费用分配分别为 1.2 万元、3.1 万元，人工费用分别为 1.8 万元、2.1 万元，制造费用分别为 4.2 万元、6.8 万元。废品耗料量分别是合格品的 80%、90%，废品工时分别是合格品工时的 70%、60%，1 号产品废品可收回材料费 40 元。

要求：计算 1、2 号产品的废品损失。

实训 3-15　可修复废品的核算

江南机械厂设有铸造、机械加工、装配三个基本车间，有供电、维修两个辅助车间。2020 年 10 月份，1、2 号产品的实际产量分别为 2100 件、4800 件，其中可修复废品分别为 20、50 件，两种产品的材料费用分配分别为 1.2 万元、3.1 万元，人工费用分别为 1.8 万元、2.1 万元，制造费用分别为 4.2 万元、6.8 万元。1、2 号废品修复领用材料分别为 130 元、210 元，发生人工费分别为 220 元、200 元，另外，生产工人李芳赔偿材料费 50 元。

要求：对 1、2 号产品的修复费用进行账务处理。

项目综合实训

实训任务：归集与分配×××企业的生产费用要素，并写一份实训报告。

实训要求：以小组为单位进入或设计某制造企业，了解企业主要生产的产品、主要生产过程、本月各项经济业务以及各项费用要素的归集方式及分配方式，确定生产费用的内容，然后对本期所发生的各项生产费用进行归集、分配及账务处理。

项目四 计算完工产品与在产品成本

知识目标

学习和把握在产品概念、在产品成本确定方法、在产品与完工产品成本计算方法、完工产品入库账务处理的知识。

技能目标

具有区分完工产品、在产品的能力；具有正确确定在产品数量的能力；具有根据企业实际情况选择适当的在产品成本计算方法的能力；具有正确计算在产品成本的能力；具有完工产品入库账务处理的能力。

思政目标

树立成本管理观念，培养增加社会财富的同时注意成本效益的理念。

任务一 认知在产品

[微课]
认知在产品

案例引入

案例 4-1 在产品的确定

大华服装公司设计和加工各种职业装、工装，如保安服、汽修服以及各种棉大衣制服，同时公司也销售全棉帆布、涤棉帆布等布料。月末核算在产品数量时，刚来厂里实习的会计王刚对以下事项是否为在产品有些不确定：

①第一车间正在加工的学生校服有 1500 件；②库存中等待销售的涤棉帆布有 300 匹；③库存中等待下一生产环节领用的涤卡有 250 匹；④已经加工完毕但未经验收入库的学生校服有 2000 件。

提问：上述四批产品是完工产品还是在产品？从分配完工产品和月末在产品应负担的生产费用的角度来看，你认为哪些是上月末的在产品？

案例 4-2 在产品的清查账务处理

华宇制造公司基本生产车间的产品清查结果如下：智能影像产品的在产品盘盈 5 件，单位成本 200 元，360 影像仪产品在产品毁损 8 件，单位定额成本 150 元，由过失人张上享赔偿 800 元，其余计入管理费用。

提问：如何对清查结果进行账务处理？

关键知识点

（一）在产品的概念

在产品，广义是指从投产开始至尚未制成最终产品入库的产品，包括正在加工过程中的在制品、正在返修过程中的废品、已完成一个或几个生产步骤还需继续加工的半成品、已完工但尚未入库的完工产品、等待返修的可修复废品等。狭义是指正在各个生产车间处于相关生产步骤进行加工的在制品。本书采用狭义的概念。

（二）在产品成本与完工产品成本的计算关系

2020 年 10 月某工厂有 10 张桌子未完工，成本总额为 2000 元，11 月份又投产 100 张，耗用各种生产费用 5000 元，11 月份完工 90 张，成本为 5500 元，在产品成本为 1500 元。

提问：11 月份的生产费用总额是多少？本月完工产品成本和月末在产品成本总额分别是多少？请找出在产品成本与完工产品成本的计算关系。

分析：

（1）11 月份生产费用总额：2000+5000=7000 元

本月完工产品成本+月末在产品成本=5500+1500=7000 元

（2）各项目之间的关系。

本月发生的生产费用+月初在产品成本=本月完工产品成本+月末在产品成本

本月完工产品成本=本月发生的生产费用+月初在产品成本−月末在产品成本

（三）在产品数量的确定

想要计算在产品成本，需确定在产品数量。期末在产品数量的确定可以根据在产品台账或实地盘点确定。在产品台账、在产品盘点表、在产品盘盈盘亏报告表样式见表 4-1-1、表 4-1-2、表 4-1-3。

表 4-1-1　　在产品台账

生产车间：　　工序：　　在产品名称：　　计量单位：

日期	凭证号	摘要	收入数量	转出数量		结存数量			备注
				合格品	废品	已完工	未完工	废品	

批准：　　审核：　　制表：

表 4-1-2　　在产品盘点表

生产车间：　　年　月　日

编号	名称	计量单位	数量	所在工序	完工程度	耗料程度	备注

批准：　　审核：　　制表：

表 4-1-3　　　　在产品盘盈盘亏报告表

年　月　日

编号	名称	计量单位	单位成本	账面数量	盘点数量	盘盈		盘亏		说明	拟处理对策及建议
						数量	金额	数量	金额		

批准：　　　　审核：　　　　制表：

（四）在产品清查结果的处理

通过在产品台账和在产品盘点表确定在产品盘盈盘亏和实际结存数量，并编制在产品盘盈盘亏报告表。

（1）盘盈。

发现时：

借：基本生产成本——××产品

　　贷：待处理财产损溢

　　　　应交税费——应交增值税——进项税额转出（非正常损失需转出进项税）

批准后：

借：待处理财产损溢

　　贷：管理费用

（2）盘亏。

发现时：

借：待处理财产损溢

　　贷：基本生产成本——××产品

批准后：

借：原材料（残料）/其他应收款（赔偿）/营业外支出（非常损失或净损失）/管理费用（无法收回的）

　　贷：待处理财产损溢

（五）完工产品入库处理

1. 账户设置

设置“库存商品”账户。核算完工入库产品及从外部购入的直接用于对外销售的商品。借方登记完工产品实际成本及购入商品实际成本，贷方登记结转的销售成本及其他原因付出的商品实际成本。余额在借方，表示实际的库存数。

2. 分录

借：库存商品——××产品

　　贷：生产成本——基本生产成本

案例讨论与讲解

案例 4-1　分析参考

理解在产品的广义、狭义概念，②③④是广义的在产品，①是狭义的在产品。

案例 4-2　分析参考

（1）盘盈。

发现时：

借：基本生产成本——智能影像产品　　1000

　　贷：待处理财产损溢　　1000

批准后：

借：待处理财产损溢　　1000

　　贷：管理费用　　1000

（2）盘亏。

发现时：

借：待处理财产损溢　　1200

　　贷：基本生产成本——360 影像仪　　1200

批准后：

借：其他应收款——张上享　　800

　　管理费用　　400

　　贷：待处理财产损溢　　1200

任务二　应用在产品成本计算之忽略法、固定成本法

［微课］
忽略法、
固定成本法

案例引入

案例 4-3　在产品成本计算之忽略法

华宇制造公司基本生产车间生产智能影像产品和 360 影像仪产品，因产品生产周期短，月末在产品数量少，采用不计在产品成本法。2020 年 6 月份智能影像产品和 360 影像仪成本计算单登记的生产费用总额分别为 24 万元、36 万元，其中直接材料费分别为 12. 5 万元、15. 5 万元，直接人工费分别为 6 万元、8. 8 万元，制造费用分别为 5. 5 万元、11. 7 万元，本月完工入库分别为 1000 件、2000 件，在产品分别为 4 件、5 件。

要求：计算完工产品与在产品成本。

案例 4-4　按固定成本计算法计算在产品成本

华达工厂生产的 B 产品月末在产品数量比较稳定，采用固定在产品成本法。该产品月初在产品成本为 9. 9 万元，其中，直接材料费为 5. 5 万元，直接人工费为 2. 8 万元，制造费用为 1. 6 万元。2020 年 5 月份发生生产费用为 150. 8 万元，其中，直接材料费为 76. 8 万元，直接人工费为 43 万元，制造费用为 31 万元。本月完工入库 B 产品 2000 千克。

要求：根据月初在产品成本和本月发生的生产费用资料，计算 B 产品 5 月份完工产品的总成本和单位成本。

关键知识点

（一）在产品成本计算方法的选择应考虑的因素

由于各企业的生产规模、工艺流程、成本构成、管理要求和管理水平等不同，在产品成本的计算应采用什么方法也应所有不同，但总体来说，一般需考虑以下几个因素：在产品数量多少；数量是否稳定；各项费用在成本中的比重；定额管理基础。

（二）在产品成本计算方法

在产品成本计算方法较多，主要有：在产品忽略不计成本法（忽略法）、在产品按固定成本计价法（固定成本计算法）、在产品按所耗直接材料费用计价法、约当产量比例法、在产品按定额成本计价法、在产品按完工产品成本计算法、定额比例法。其中，较为常用的是忽略法和固定成本计算法。

1. 忽略法

（1）概念。忽略法也称“不计成本法”，是指月末在产品不记成本，产品成本全部由完工产品承担。

（2）特点。忽略法的主要特点：月末有在产品；在产品不承担成本。

（3）适用企业。忽略法适用于月末在产品数量少，是否计算成本对完工产品成本计算影响较小的企业，如采煤企业。

2. 固定成本计算法

（1）概念。固定成本计算法是指各月末在产品成本与年初在产品成本一致，且固定不变。同时，在每年年末，对在产品成本重新确定，确定方法一般采用盘点法。

（2）特点。固定成本计算法的主要特点：本年度内各月在产品成本固定不变；年底对在产品进行盘点，并重新确定在产品成本；下一年度使用新的在产品固定成本。

（3）适用企业。固定成本计算法适用于各月之间在产品数量变化不大的企业，如炼钢、化工企业。

（4）计算公式。本月完工产品成本＝月初在产品成本＋本月发生的费用－月末在产品成本

月初在产品成本＝月末在产品成本

每年年底在产品成本盘点确定，并作为下一年年初的在产品成本。

案例讨论与讲解

案例 4-3　分析参考

由于采用在产品忽略不计成本法，则所有生产费用全部计入完工产品成本，计算结果见表 4-2-1、表 4-2-2。

表 4-2-1 华宇制造公司产品成本计算单

产品名称：智能影像产品 计量单位：件 日期：2020 年 5 月 金额单位：元

摘要	直接材料	直接人工	制造费用	合计
本月生产费用合计	125000	60000	55000	240000
本月完工产品成本	125000	60000	55000	240000
本月完工产品单位成本	125	60	55	240

表 4-2-2 华宇制造公司产品成本计算单

产品名称：360 影像仪 计量单位：件 日期：2020 年 5 月 金额单位：元

本月生产费用合计	155000	88000	117000	360000
本月完工产品成本	155000	88000	117000	360000
本月完工产品单位成本	77.5	44	58.5	180

案例 4-4 分析参考

本月完工产品总成本＝768000+430000+310000＝1508000 元

本月完工产品单位成本＝1508000÷2000＝754 元/千克

计算结果见表 4-2-3。

表 4-2-3 华达工厂产品成本计算单

产品：B 产品 产量：2000 千克 日期：2020 年 5 月 单位：元

摘要	直接材料	直接人工	制造费用	合计
月初在产品成本	55000	28000	16000	99000
本月发生费用	768000	430000	310000	1508000
生产费用合计	823000	458000	326000	1607000
本月完工产品成本	768000	430000	310000	1508000
本月完工产品单位成本	384	215	155	754
月末在产品成本	55000	28000	16000	99000

实训

实训 4-1 忽略法实训

华宇制造公司基本生产车间生产智能影像产品和 360 影像仪产品，因产品生产周期短，月末在产品数量少，采用在产品忽略不计成本法。2020 年 5 月份智能影像产品和 360 影像仪成本计算单登记的生产费用总额分别为 24.61 元、36 万元，其中直接材料费分别为 13 万元、15.21 万元，直接人工费分别为 6.21 万元、8.4 万元，制造费用分别为 5.4 万元、12.6 万元，本月完工入库产品数量分别为 1100 件、2100 件，在产品数量分别为 4 件、5 件。

要求：计算完工产品与在产品成本。

实训 4-2 固定成本计算法实训

华达工厂生产的 B 产品月末在产品数量比较稳定，采用固定成本计算法。该产品月初在产品成本为97500元，其中，直接材料费为5.32万元，直接人工费为28700元，制造费用为15600元。2020年5月份发生生产费用为152.6万元，其中，直接材料费为76.6万元，直接人工费为45万元，制造费用为31万元。本月完工入库B产品2000千克。

要求：根据月初在产品成本和本月发生的生产费用资料，计算B产品5月份完工产品的总成本和单位成本。

任务三 应用在产品成本计算之约当产量法

［微课］

约当产量法

案例引入

案例4-5 在产品成本计算之约当产量法

华达制造公司A产品生产需经三道工序，每道工序所需原材料均在开始时一次投入，投料数量分别为一工序50千克，二工序30千克，三工序20千克。各道工序工时定额分别为：20、30、50小时，在产品在每道工序的完工程度均为50%。2020年12月31日各工序月末在产品数量分别是100件、80件、120件。

要求：

（1）计算原材料分配时的约当产量。

（2）计算制造费用、直接人工费用分配时的约当产量。

关键知识点

（一）约当产量法的概念

大家想一想：

如果我们的教室里，一张大课桌有5个座位，小课桌2个座位，经总结，在材料耗用上，一张小课桌的耗料量相当于2/5=0.4张大课桌的耗料量，那么一张小课桌相当于多少张大课桌呢？如果你认为在耗料这一方面，一张小课桌相当于0.4张大课桌，那么，小课桌相当于大课桌的0.4就是小课桌对于大课桌在耗料上的约当产量。

（1）约当产量。成本会计上的约当产量是指将月末在产品按一定方法计算出相当于完工产品的数量。

（2）约当产量法。约当产量法是指将期初在产品成本与本期发生的生产费用之和，按完工产品数量与月末在产品约当产量的比例进行分配，以计算完工产品成本和月末在产品成本的一种成本分配方法。

从约当产量的概念中，我们知道计算约当产量一定是某一方面的约当产量，如上述约当产量法概念中提到的大小课桌约当产量，计算的是耗料上的约当产量。因此，使用约当产量法分配时应注意按成本项目进行。那么影响约当产量计算的关键因素是什么？

大家可以再思考下面的问题：

现在你的身边有两张课桌，一张已组装完工，一张还没有组装，但所有的配件已全部齐备，可以估计出另一张课桌完工了90%。两张课桌目前发生的材料成本是300元，发生的人工成本是180元，那么两张课桌的成本各是多少？

我们可以看出，两张课桌的材料均已发生了相同的耗用，因此在材料费用分配上，一张在产品的约当产量就是1张，但人工费用分配上在产品的那一张只完工了90%，它的约当产量为0.9张。即：

分配材料费用时的约当产量为：1+1=2，分配率=300/2=150，每张课桌的材料费用为150元。

分配人工费用时的约当产量为：1+0.9=1.9，分配率=180/1.9=97.7368，完工课桌的人工成本为94.74，未完工课桌的人工成本为：180-94.74=85.26（尾差计入未完工产品成本）。

因此，在使用约当产量法进行在产品与完工产品成本计算时，要考虑完工程度、投料程度。

（二）完工程度

1. 完工程度的概念

完工程度是指产品生产完成到了哪一步或有多少的完成率。例如，你的作文要写800字，你已经写了400字，你会说你已完成了一半，则你这篇作文的完工程度可以认定为50%。再如，某个产品需要5个小时才能加工完成，现已加工了4小时，则完工程度可以认定为80%。

2. 完工程度的确定

大家想一想：

假设你身边的课桌要经过四道工序才能完成，每一道工序需1小时，这一张课桌目前正在第一道工序上完成了一半，你认为它的完工程度是多少？

在成本核算中，完工程度一般以工时来进行衡量和确定。完工程度的确定有两种方法：分工序确定完工程度、不分工序确定完工程度。

（1）分工序确定完工程度。根据截止到某一工序为止，在产品实耗工时（或定额工时）占完工产品实耗工时（或定额工时）的百分比，来确定各工序在产品完工程度。

某工序在产品完工程度=(单位在产品前面各道工序工时定额之和+单位在产品本工序工时定额×50%)/单位完工产品工时定额

公式中，本工序的工时定额之所以乘以50%，是因为工序中各件在产品的完工程度不同，为了简化测算工作，都按平均完工度50%计算，而在产品从上一道工序转入下一道工序时，其上一道工序已经完工，因而前面各道工序的工时定额应按100%计算。

（2）不分工序确定完工程度。即不分工序给所有在产品一个平均的完工程度。

（三）投料方式与投料程度

投料方式是指生产过程中消耗材料的方式，有陆续投料（逐渐投料）、一次投料、逐步投入等方式。

1. 陆续投料

陆续投料是指产品生产时，按生产进程一点一点地耗用材料。例如大家看到的碾米。陆续投料方式下在产品耗料量按完工程度计算。

在产品的耗料量=完工产品耗料量×完工程度

在产品约当产量=在产品数量×完工产品耗料量×完工程度

2. 一次投料

一次投料是指产品所耗用的材料在生产开始时一次投入。这样，完工产品与在产品材料耗用量相同。

3. 逐步投入

逐步投入是指产品所耗用的材料按生产步骤一步一步地投入。有些可能在每一步的开始时全部投入，有些可以在每一步的整个过程中一点一点地投入。因此，逐步投入分为以下两种情况：

一是在每一步开始时一次投入，则：

本步在产品耗料程度=累计耗料量/各步总耗料量

二是在每一步陆续投入，则：

本步在产品耗料程度=上一步的耗料量/各步总耗料量+本步耗料量/各步总耗料量×本步投料程度（完工程度）

在产品约当产量=本步在产品数量×本步的在产品耗料程度

案例讨论与讲解

案例 4-5　分析参考

（1）材料费用分配的约当产量计算（表 4-3-1）。

投料方式：每道工序开始时一次投料，即每道工序一次投料，整个过程是分步投料。

表 4-3-1　　月末在产品约当产量计算表

工序	第一工序	第二工序	第三工序	合计
产品投料数量(千克)	50	30	20	100
月末在产品数量(件)	100	80	120	300
各工序累计投料程度	50/100=50%	(50+30)/100=80%	(50+30+20)/100=100%	
月末在产品约当产量(件)	100×50%=50	80×80%=64	120×100%=120	234

（2）计算制造费用、直接人工费用分配时的约当产量（表 4-3-2）。

表 4-3-2　　月末在产品约当产量计算表

工序	第一工序	第二工序	第二工序	合计
在产品定额工时	20	30	50	100
月末在产品数量(件)	100	80	120	300
在产品各工序完工程度	50%	50%	50%	
各工序累计完工程度	20/100×50%=10%	20%+30/100×50%=35%	20%+30%+50/100×50%=75%	
月末在产品约当产量(件)	100×10%=10	80×35%=28	120×75%=90	128

实训

实训 4-3　约当产量法实训

资料如表 4-3-3 所示，第一、第二工序分步一次投料，第三、第四工序分步陆续投料，每一步完工程度分别为 50%、40%，求约当产量。

表 4-3-3　　　　生产记录表

工序	单位耗料量	在产品数量	在该工序的完工程度	耗料程度
1	30	100		
2	40	150		
3	20	200	50%	
4	20	30	40%	
合计	110			

实训 4-4　在产品成本计算之约当产量法

资料如表 4-3-4 所示，第一、第二工序分步陆续投料，每一步完工程度分别为 50%、40%，第三、第四工序分步一次投料，求约当产量。

表 4-3-4　　　　生产记录表

工序	单位耗料量	在产品数量	在该工序的完工程度	耗料程度
1	30	100	50%	
2	30	150	40%	
3	20	200		
4	20	30		

实训 4-5　在产品成本计算之约当产量法

各工序工时定额和在产品数量及各工序完工程度如表 4-3-5 所示，求约当产量。

表 4-3-5　　　　生产记录表

工序	单位工时定额	在产品数量	在该工序的完工程度	完工程度
1	30	100	50%	
2	30	150	40%	
3	20	200	30%	
4	20	30	50%	

任务四　应用在产品成本计算之按材料计价法、定额成本法

［微课］材料计价法　　［微课］定额成本法

案例引入

案例 4-6　在产品成本计算之材料计价法

华达制造公司生产轴承，其直接材料费用在成本中所占比重较大。2020 年 5 月份完工 500 件，在产品 100 件，原材料于生产时一次投入。本月费用见表 4-4-1。

提问：你认为在产品应采用哪种成本计算方法？完工产品与在产品成本各是多少？

案例 4-7　在产品成本计算之定额成本法

华达制造公司 B 产品生产分两道工序完成，原材料在各道工序开始时一次投入，各道工序内在产品的平均加工程度为 50%，在产品有关资料如下：

费用定额：直接材料 2 万元，直接人工 8 元/小时，制造费用 10 元/小时，工时定额分别为 50、30 小时。月末在产品数量分别为 60 件、50 件。

B 产品月初在产品和本月生产费用合计为：直接材料 64 万元，直接人工 20.1 万元，制造费用 23.2 万元。

要求：按定额成本法计算本月完工产品、在产品成本。

表 4-4-1　　华达制造公司生产费用表

产品名称：轴承　　计量单位：件　　日期：2020 年 5 月　　金额单位：元

摘要	直接材料	直接人工	制造费用	合计
月初在产品成本	10000			10000
本月生产费用合计	50000	5000	8000	63000
本月生产费用合计	60000	5000	8000	73000

关键知识点

（一）材料计价法

1. 概念

材料计价法是指计算在产品成本时，只计算在产品的材料费用，而所有的人工和制造费用全部记入完工产品成本。

2. 适用范围

材料计价法适用于月末在产品数量多、变化大，材料费用在在产品成本中所占比重较高的企业，如纺织、造纸、酿酒企业。

使用材料计价法计算在产品成本时要注意投料方式（如一次投料、逐步投料）。如果是一次投料方式，则完工产品与在产品单位耗料额相同；如果是逐步耗料，则考虑完工程度与耗料程度。

（二）定额成本法

1. 概念

定额成本法是指计算在产品成本时，月末在产品成本按月末在产品数量和单位定额成本计算。

2. 计算公式

在产品成本＝在产品数量×在产品单位定额成本

完工产品成本＝本月生产费用合计－在产品成本

3. 适用范围

定额成本法适用于各种消耗定额或费用定额比较准确、稳定，月末在产品数量变化不大的企业。

案例讨论与讲解

案例 4-6　分析参考

因为材料成本所占比重较大，所以采用按耗直接材料计算在产品成本。

材料费用分配率：60000/(500+100)= 100

计算结果见表 4-4-2

表 4-4-2 华达制造公司完工产品与在产品成本分配表

产品名称：轴承 产量：500 件 日期：2020 年 5 月 金额单位：元

摘要	直接材料	直接人工	制造费用	合计
月初在产品成本	10000			10000
本月生产费用发生合计	50000	5000	8000	63000
本月生产费用合计	60000	5000	8000	73000
月末在产品成本	100×100 = 10000			10000
月末完工产品成本	60000−10000 = 50000	5000	8000	63000
本月完工产品单位成本	100	10	16	126

案例 4-7 分析参考

1. 材料分配

材料定额：2000 元/件 各步一次投入 材料总额 640000

第一工序月末在产品材料量 = 60×2000 = 120000

第二工序月末在产品材料量：50×2000 = 10000

月末在产品总耗用：120000+10000 = 130000

完工产品总耗用：640000−130000 = 510000

2. 人工费分配

工时定额：第一工序：50 小时，第二工序：30 小时

人工费定额：8 元/小时

第一工序在产品单位工时 = 50×50% = 25

第二工序在产品单位工时：50+30×50% = 65

第一工序在产品定额工时总额：60×25 = 1500

第二工序在产品定额工时总额：50×65 = 3250

第一工序在产品人工费：1500×8 = 12000

第二工序在产品人工费：3250×8 = 26000

在产品定额人工成本：12000+26000 = 38000

完工产品人工成本：201000−38000 = 163000

3. 制造费用分配

第一工序在产品制造费用：1500×10 = 15000

第二工序在产品制造费用：3250×10 = 32500

在产品制造费用成本：15000+32500 = 47500

完工产品制造费用成本：232000-47500 = 184500

4. 分录

借：库存商品——B 产品 510000+163000+184500 = 857500

　　贷：基本生产成本——直接材料 510000

　　　　　　　　　　——直接人工 163000

　　　　　　　　　　——制造费用 184500

实训

实训 4-5　材料计算法实训

2020 年 5 月份企业生产的甲产品，原材料费用在产品成本所占比重很大，月末在产品只计算原材料费用，原材料在生产开始时一次投入。该种产品月初原材料费用 5500 元，本月发生原材料费用 12.55 万元，人工费用 1600 元，制造费用 1000 元，本月完工产品 200 件，月末在产品 20 件。

要求：计算本月完工产品和月末在产品成本，完成产品成本计算单。

实训 4-6　定额成本计算法实训

2020 年 5 月份企业生产的丁产品，各项消耗定额比较稳定，各月在产品数量也比较稳定，月末在产品按定额成本计价核算。该产品月初在产品和本月发生的生产费用合计 10.6 万元，其中：原材料 6.5 万元，员工工资及福利费 1.7 万元，制造费用 2.4 万元，原材料在生产开始时一次投入。单位产品原材料费用定额 90 元，完工产品产量 500 件，月末在产品 200 件，在产品定额工时共计 2000 小时，费用率为：工资 4 元每小时，制造费用 5 元。

要求：计算丁产品月末在产品和完工产品的总成本。

任务五　应用在产品成本计算之定额比例法、完工产品成本法

[微课]
定额比例法

[微课]
完工产品成本法

案例引入

案例 4-8　在产品成本计算之定额比例法

华达制造公司生产轴承，2020 年 6 月份完工产品 3000 件，直接材料费用定额为 6 元，工时定额为 2.5 小时，月末在产品 600 件，直接材料费用定额为 4 元，工时定额为 1 小时，其他资料见表 4-5-1。本厂成本定额管理较好，计划采用定额比例法核算产品成本，同学们在讨论本公司生产费用在完工产品与在产品成本之间的分配方法时，有人认为根据此题的条件只能采用定额比例法，有人认为完全可以采用完工产品成本法核算，且更为合理。

提问：你认为应该采用哪种方法核算？如果采用定额比例法，结果会如何？

表 4-5-1　　轴承生产费用表

产品名称：轴承　　日期：2020 年 6 月　　金额单位：元

摘要	直接材料	直接人工	制造费用	合计
月初在产品生产费用	3000	800	1600	5400
本月发生生产费用	16000	5000	6500	27500
本月生产费用合计	19000	5800	8100	32900

案例 4-9　在产品成本计算之完工产品成本法

华达制造公司生产的轮胎月初在产品费用和 2020 年 5 月份发生的生产费用累计数字

为：直接材料1.4万元，直接人工费4500元，制造费用4000元，本月完工入库300件，在产品100件，该产品已接近完工。

要求：按完工产品成本法计算完工产品与在产品成本。

关键知识点

（一）定额比例法

1. 概念

定额比例法是指按生产费用占完工产品和月末在产品的定额消耗量或定额费用的比例来分配计算在产品成本和完工产品成本，且分成本项目进行的方法。

2. 适用范围

该方法适用于各项消耗定额或费用定额比较准确、稳定，月末在产品数量变动较大的产品。

（二）完工产品成本法

1. 概念

完工产品成本法是指在计算在产品成本时，将在产品视为完工产品计算成本的方法。

2. 适用范围

该方法适用于产品已接近完工或已完工但尚未包装或尚未验收入库的在产品成本计算。

案例讨论与讲解

案例4-8　分析参考

该公司采用两种方法均可。如果该公司月末在产品数量变动较大，则采用定额比例法较好。现采用定额比例法进行计算。

1. 材料费用计算

完工产品直接材料定额费用：3000×6＝18000元

在产品材料定额费用：600×4＝2400元

直接材料费用分配率＝(3000+16000)/(600×4+3000×6)＝0.93

在产品材料费用＝600×4×0.93＝2332元

完工产品材料费用＝19000−2232＝16768元

2. 人工费用计算

人工费用分配率＝5800/(3000×2.5+600×1)＝0.71

在产品人工费用＝600×1×0.71＝426元

完工产品人工费用＝5800−426＝5374元

3. 制造费用计算

制造费用分配率＝8100/(3000×2.5+600×1)＝1

在产品制造费用＝600×1×1＝600元

完工产品制造费用＝8100−600＝7500元

案例4-9　分析参考

采用完工产品计算法计算在产品成本，则：

1个在产品成本=1个完工产品成本，计算结果见表4-5-2。

表4-5-2　　　　　　　　　　　　　　　　　　轮胎成本计算单

产品名称：轮胎　　日期：2020年5月　　　　　　　　　　　　　　　　　　金额单位：元

摘要	直接材料	直接人工	制造费用	合计
生产费用合计	14000	4500	4000	22500
本月完工产品数量	300	300	300	300
月末在产品数量	100	100	100	100
费用分配率	14000/(300+100)=35	11.25	10	47.25
本月完工产品成本	300×35=10500	3375	3000	16875
本月在产品成本	3500	1125	1000	5625

实训

实训4-7　定额比例分配法实训

华达制造公司生产轴承，该产品的各项消耗定额或费用定额比较准确、稳定，但各月末在产品数量变动较大。月初在产品费用：直接材料费为2.2万元，燃料及动力费为6200元，直接工资费为3300元，制造费用为6800元。本月生产费用：直接材料费为7万元，燃料及动力费为1.2万元，直接工资费为5000元，制造费用为9000元，完工产品的定额直接材料费用为7.5万元，定额燃料及动力费用为1.02万元，定额工时为4750小时。月末在产品的定额直接材料为2.5万元，定额燃料及动力费为3400元，定额工时为1500小时。在完工产品与月末在产品之间，将直接材料费用和燃料及动力费用及其他各项费用进行分配。

提问：

（1）你认为该企业适合采用哪种方法将生产费用在完工产品和在产品之间分配？

（2）计算完工产品和在产品成本。

项目综合实训

1. 用忽略法计算在产品成本

华达制造公司生产轴承，因为轴承生产周期较短，月末在产品数量很少，采用忽略不计成本法。2020年5月份轴承成本计算单登记的生产费用总额为19.8万元，其中，直接材料11万元，直接人工5万元，制造费用3.5万元。本月完工入库轴承5000件，在产品4件。

要求：根据本月发生的生产费用资料，计算轴承完工产品总成本和单位成本。

2. 用约当产量法计算在产品成本

华达制造公司轮胎产品经过两道工序制成，各工序原材料消耗定额为：第一道工序

150 千克，第二道工序 70 千克。各工序在产品为：第一道工序 100 件，第二道工序 50 件。

要求：

（1）计算各工序在产品投料率和在产品的约当量（原材料在各工序生产开始时一次投料）。

（2）计算各工序在产品投料率和在产品的约当量（原材料在各工序生产开始后陆续投料）。

3. 用定额成本法计算在产品成本

2020 年 9 月份华达制造公司生产的丁产品，各项消耗定额比较稳定，各月在产品数量也比较稳定，月末在产品按定额成本计价核算。该产品月初和本月发生的生产费用合计为 10.4 万元，其中：原材料 6.4 万元，员工工资及福利费 1.6 万元，制造费用 2.4 万元，原材料在生产开始时一次投入。单位产品原材料费用定额 90 元，完工产品产量 500 件，月末在产品 200 件，在产品定额工时共计 2000 小时，费用率为：工资 4 元每小时，制造费用 5 元。

要求：确定丁产品月末在产品和完工产品的总成本。

4. 用固定成本法计算在产品成本

华达制造公司生产的轮胎月末在产品数量比较稳定，采用固定成本法计算在产品成本。该产品月初在产品成本为 14 万元，其中，直接材料费 6.8 万元，直接人工费 36500 元，制造费用 2.55 万元。2020 年 6 月份发生生产费用 150 万元，其中，直接材料费 76.6 万元，直接人工费 42 万元，制造费用 31.4 万元。本月完工入库轮胎 2000 个。

要求：根据月初在产品成本和本月发生的生产费用资料，计算轮胎本月完工产品总成本和单位成本。

5. 用材料计价法计算在产品成本

2020 年 6 月份华达制造公司生产的甲产品，原材料费用在产品成本所占比重较大，月末在产品只计算原材料费用，原材料在生产开始时一次投入。该种产品月初原材料费用 7500 元，本月发生原材料费用 13.75 万元，人工费用 2500 元，制造费用 900 元，本月完工产品 180 件，月末在产品 20 件。

要求：计算本月完工产品和月末在产品成本，完成产品成本计算单。

6. 用完工产品成本法计算在产品成本

华达制造公司生产的 C 产品月初在产品费用和本月发生的生产费用累计数为：直接材料费用 1.25 万元，直接人工费 2600 元，制造费用 3300 元。本月完工入库 300 件，月末在产品 100 件，该产品已经接近完工。

要求：采用完工产品成本法计算在产品成本。

7. 用约当产量法计算在产品成本

华达制造公司某月份生产轮胎，本产品产量为 800 件，月末在产品盘存数量为 200 件，原材料在生产开始时一次投入，在产品完工程度为 50%，本月在产品成本和本期发生的费用如下表所示。

在产品成本及本期发生费用

项目	期初在产品成本(元)	本期发生费用(元)
直接材料	3100	20000
直接人工	2000	7000
制造费用	2200	8000
合计	7300	35000

要求：根据上述资料，采用约当产量法计算完工产品成本和月末在产品成本。

8. 用定额成本法计算在产品成本

华达制造公司 2020 年 6 月份生产丙产品，本月完工产品产量 2100 件，期末在产品数量为 100 件。期初在产品成本为 5200 元，本期发生费用共计 9 万元。原材料在生产开始时一次投入，在产品单件材料费用定额为 20 元，单件产品工时定额为 40 小时，每小时直接人工费为 0. 05 元，每小时制造费用为 0. 02 元。

要求：采用定额成本法计算完工产品成本和期末在产品成本。

项目五

应用成本核算的基本方法

知识目标

学习和掌握品种法、分步法、分批法的概念、适用范围、特点的相关知识；学习和掌握品种法、分步法、分批法等方法的成本计算程序的知识。

技能目标

具有根据企业实际情况选择某种成本核算方法计算成本的能力；具有运用品种法、分步法、分批法计算成本的能力。

思政目标

培养成本观念，树立成本效益意识。

任务一　应用单一品种法

[微课]
应用单一品种法

案例引入

案例 5-1　品种法选择与账户设置

娄城机床厂主要生产Ⅰ型和Ⅱ型号机床，产品销往全国。厂内有铸造、机械加工、装配三个基本生产车间，顺序加工生产产品，各车间均不设半成品库，机修和配电两个辅助生产车间，机修车间负责全厂机器设备的维修，配电车间负责外来电源并供给和记录全厂各部门的用电及电器修理。

成本核算要求：第一，管理上要求各车间进行成本控制，提供各车间半成品成本，将成本效益与经济效益挂钩。第二，企业成本核算明细到车间、产品。第三，辅助车间生产费用和辅助生产车间的制造费用均在“辅助生产成本”账户核算。第四，按实际成本核算。第五，根据有关经济业务的原始凭证，在准确审核无误的情况下，汇总原始凭证分配材料费用、分配工资及相关费用、分配其他费用、分配辅助生产成本费用、分配制造费用、计算产品成本以及产品成本结转；填制记账凭证、登记与生产成本核算相关的明细账和总账。

提问：你认为该企业应采用哪种成本核算方法？应如何设置账户？

案例 5-2　单一品种法应用举例

1. 企业概况

（1）生产车间的设置。娄底三元发电厂属于单步骤的大量生产企业，只生产电力一种产品。工厂设有燃料车间、锅炉车间、汽机车间和电机车间四个基本生产车间，另外还设有一个修理辅助生产车间和若干个管理科室。

（2）生产工艺过程。该厂以煤为燃料进行火力发电，工艺特点主要表现为：通过燃料煤的燃烧对锅炉中的水进行加热，形成高温高压的蒸汽，推动汽轮机快速旋转，借以带动发电机转动，从而产生电力。

2. 该发电厂2020年5月份发生下列经济业务

（1）燃料车间提供的燃料耗用统计表（表5-1-1）。

表 5-1-1　　燃料费用统计表　　2020年5月

燃料名称	数量(吨)	单价(元/吨)	金额(元)
阜新原煤	800	300	240000
大同原煤	500	280	140000
合计	1300	—	380000

（2）仓库提供的领料汇总表（表5-1-2）。

表 5-1-2　　领料汇总表　　2020年5月

车间	材料名称	数量(千克)	单价(元/千克)	金额(元)
燃料车间	煤粉	300	60	18000
锅炉车间	原煤	100	30	3000
汽机车间	透平油	220	50	11000
电机车间	石膏	80	35	2800
修理车间	润滑油	270	20	5400
合计	—	—	—	40200

（3）本月工资结算汇总表（表5-1-3）。

表 5-1-3　　工资结算汇总表　　2020年5月

车间	工资(元)	福利费(元)	合计(元)
燃料车间	20000	2800	22800
锅炉车间	15000	2100	17100
汽机车间	18000	2520	20520
电机车间	10000	1400	11400
修理车间	8000	1120	9120
合计	71000	9940	80940

（4）本月应付水费28600元，其中生产用水费27000元，各车间公共用水费1600元。

（5）各车间本月计提折旧费53000元。

（6）按规定的提存率提取本月修理费用35000元。

（7）本月生产负担的低值易耗品摊销额2200元（低值易耗品采用分期摊销法）。

（8）本月生产负担的车间财产保险费用3100元。

（9）本月生产量：3900千度，其中生产用电350千度，提供3550千度。

提问：本月生产成本是多少？每度电的成本是多少？

关键知识点

［微课］品种法概述

（一）品种法的概念

品种法是指以产品品种为成本计算对象来归集生产费用，定期计算产品成本，期末生产成本需在完工产品与在产品之间分配的方法。品种法可以有单一品种法、多品种法。

单一品种法，是指企业只生产一种产品，在运用品种法进行成本核算时，只计算一种产品的成本的品种法。使用此方法计算产品成本，不需要将生产成本在多种产品之间分配。

（二）品种法的适用范围

选择何种成本核算方法需考虑企业的生产类型、管理要求和生产规模。品种法的适用范围包括：

（1）大批量单步骤生产的企业，如发电、供水、采掘等企业。

（2）大批量多步骤，规模小或按流水线生产或全过程封闭式集中生产，管理上不要求计算各步骤成本的企业，如砖瓦厂、糖果厂、织布厂、造纸厂、小型水泥厂等。

（3）辅助生产车间，如供水、供汽、供电车间等。

（三）品种法的特点

（1）以品种为成本计算对象。

（2）成本计算期与会计期一致，按月进行成本计算。

（3）期末有在产品时成本需在完工产品与在产品之间分配。

（4）按照产品品种计算产品成本，是产品成本计算最基本的要求，因为不论何种组织方式的制造企业，不论何种生产类型的产品，也不论成本管理要求如何，最终都必须按照产品品种计算出产品成本。

（四）品种法的成本计算程序（图5-1-1）

（1）账户设置。按品种设置基本生产成本明细账、按辅助单位或辅助产品设置辅助生产成本明细账、按生产单位设置制造费用明细账，各账同时按成本费用内容设置核算项目，如：基本生产成本——××产品（直接材料/直接人工/制造费用），辅助生产成本——××车间/××产品（折旧费/人工费等）。

（2）归集和分配本月发生的各项生产费用。

（3）分配辅助生产费用。

（4）分配基本生产单位制造费用。

（5）计算本月完工产品实际总成本和单位成本。

（6）结转本月完工产品成本。

（五）品种法的优缺点

品种法的优点：成本计算程序简单，适用性强。

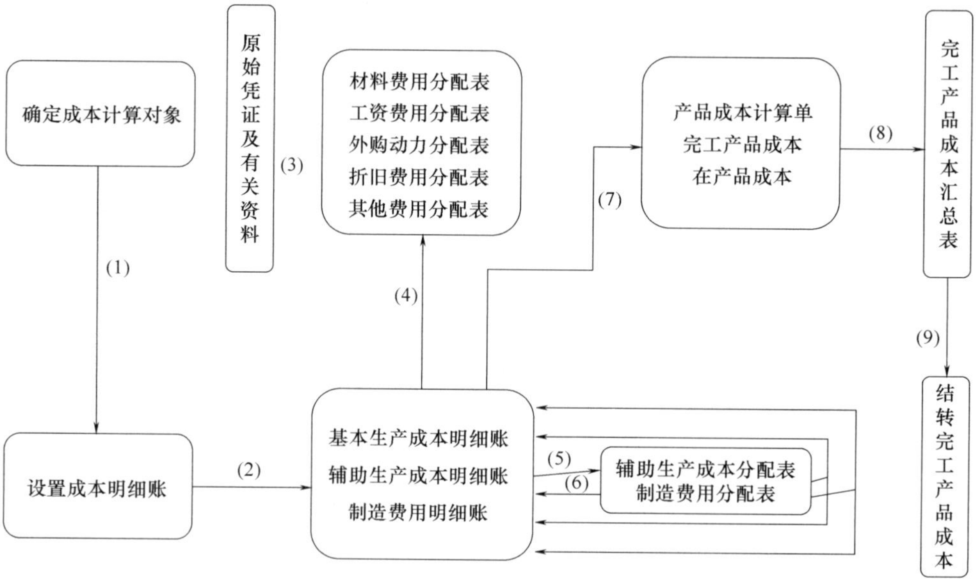

图 5-1-1　品种法的成本计算程序

品种法的缺点：如果企业生产的产品品种繁多，就会增加成本核算的工作量。

案例讨论与讲解

案例 5-1　分析参考

采用何种方法进行成本核算，需考虑生产类型、生产规模、管理要求等因素。该企业生产两种产品，且经过三个车间顺序加工，各车间均不设半成品库。管理上要求各车间进行成本控制，提供各车间半成品成本，将成本效益与经济效益挂钩。同时，企业成本核算明细到车间、产品。所以，可以选择采用品种法核算。

设置的账户有："基本生产成本"和"辅助生产成本""制造费用"三个一级账户，"基本生产成本"账户按车间和品种设置明细账，如"基本生产成本——铸造车间——Ⅰ型机床""基本生产成本——铸造车间——Ⅱ型机床""基本生产成本——机械加工车间——Ⅰ型机床""基本生产成本——机械加工车间——Ⅱ型机床""基本生产成本——装配车间——Ⅰ型机床""基本生产成本——装配车间——Ⅱ型机床""辅助生产成本"账户按辅助生产车间设置明细，如"辅助生产成本——机修车间""辅助生产成本——配电车间"，"制造费用"账户按生产车间设置明细，如"制造费用——铸造车间""制造费用——机械加工车间""制造费用——装配车间"，各明细账均采用多栏式账页。

案例 5-2　分析参考

1. 选择单一品种法核算

该厂以煤为燃料进行火力发电，工艺特点主要表现为：通过燃料煤的燃烧对锅炉中的水进行加热，形成高温高压的蒸汽，推动汽轮机快速旋转，借以带动发电机转动，从而产生电力。由于整个工艺过程不能间断，又只生产电力一种产品，所以选择单一品种法计算电力产品成本，而且生产中发生的一切生产费用都是直接费用，可以直接计入电力产品成本，因此，成本项目可以按照生产费用的经济性质和经济用途相结合的原则进行设置。

2. 成本项目的设置

该厂为小企业，适合用小企业会计制度。为了进行成本核算，设置“基本生产成本”总账科目，并以成本项目为专栏设置“基本生产成本明细账”和“电力产品成本计算单”。具体成本项目包括“燃料费”“生产用水费”“材料费”“工资及福利费”“折旧费”“修理费”“其他费用”等。

由于电力产品不能储存，不存在未完工的在产品，因而无需将生产费用在完工产品和在产品之间进行分配。该厂所产电力，除少量自用外，全部对外供应，因此，当月发生的全部生产费用，即当月电力产品的总成本，除以对外供应的电力产量，即电力产品的单位成本。

3. 各种费用要素的归集与分配（根据统计表作如下分录）

（1）燃料费用分配。

借：基本生产成本——燃料费　　380000

　　贷：燃料　380000

（2）材料费用分配。

借：基本生产成本——材料费　　31800

　　　　　　　　——燃料费　　3000

　　辅助生产成本——修理费　　5400

　　贷：原材料　　40200

（3）人工费用分配。

借：基本生产成本——工资及福利费　　71820

　　辅助生产成本——修理费　　9120

　　贷：应付职工薪酬　　80940

（4）水费分配。

借：基本生产成本——生产用水费　　28600

　　贷：应付账款　　28600

（5）折旧费分配。

借：制造费用——折旧费　　53000

　　贷：累计折旧　　53000

（6）修理费分配。

借：辅助生产成本——修理费　　35000

　　贷：预提费用　　35000

（7）低值易耗品摊销。

借：制造费用　　2200

　　贷：待摊费用　　2200

（8）车间财产保险费用。

借：制造费用　　3100

贷：待摊费用　　3100

4. 归集和分配辅助生产成本

借：制造费用　　49520

贷：辅助生产成本——修理费　　49520

5. 归集和分配制造费用

借：基本生产成本——制造费用　　107820

贷：制造费用　　107820

6. 根据上述会计处理登记按成本项目设置基本生产成本明细账（表 5-1-4）

表 5-1-4　　基本生产成本明细账　　单位：元

摘要	燃料费	生产用水费	材料费	工资及福利费	制造费用	合计
分配燃料费	380000					380000
分配材料费	3000		31800			40200
分配工资福利费				71820		71820
分配水费		28600				28600
分配制造费用					107820	107820
本月合计	383000	28600	31800	71820	107820	623040
本月转出	383000	28600	31800	71820	107820	623040

成本计算单中，生产量扣除厂用电量即厂供电量；电力成本除以厂供电量，即电力单位成本。由于燃料成本所占电力成本的比重较大，从重要性原则考虑还要突出反映电力的燃料单位成本，以便加强对燃料成本的分析和考核。

7. 根据基本生产成本明细账和电力产量统计资料，编制“电力产品成本计算单”（表 5-1-5）

表 5-1-5　　电力产品成本计算单　　日期：2020 年 5 月

成本项目	生产量(千度)	总成本(元)	单位成本(元)
燃料费		383000	107.887
生产用水费		28600	8.9577
材料费		31800	8.0563
工资及福利费		71820	20.2310
制造费用		107820	30.3718
合计		623040	—
生产量	3900		
其中:厂用电量	350		
厂供电量	3550		
产品单位成本	—	—	175.5042

8. 根据生产成本明细账结转本月电力成本

编制会计分录如下：

借：主营业务成本　　　　　　623040

　　贷：基本生产成本——燃料费　　383000

　　　　　　　　　　——材料费　　31800

　　　　　　　　　　——工资及福利费　　71820

　　　　　　　　　　——生产用水费　　28600

　　　　　　　　　　——制造费用　　107820

实训

实训 5-1　品种法的选择

三元火力发电厂只生产电力一种产品，设有燃料、锅炉、汽机和电气四个基本生产车间，一个机修辅助车间为电力生产和企业管理部门提供修理服务。该发电厂按车间分别登记生产费用，并按成本项目汇总登记基本生产成本二级账。该发电厂行政管理部门耗用机修车间的服务较少，不分配机修的生产费用。该发电厂所产生的电力除了对外销售，还有一部分供企业使用。企业以电力为成本计算对象，采用品种法进行成本核算。

提问：你认为该厂为什么采用品种法核算？

任务二　应用多品种法

［微课］
应用多品种法

案例引入

案例 5-3　多品种法的应用

关家脑制造厂为单步骤简单生产企业，设有一个基本生产车间，大量生产甲、乙两种主要产品；另设有供电、机修两个辅助生产车间，为全厂提供产品和劳务。辅助生产之间相互提供的产品和劳务，需进行交互分配，采用的是计划成本分配法。辅助生产不单独核算制造费用。月末在产品完工程度均为 50%。原材料均为生产开始时一次投入。该企业 2020 年 5 月份成本有关资料如下：

（1）月初在产品成本。甲产品、乙产品的月初在产品成本见表 5-2-1。

表 5-2-1　　甲产品、乙产品月初在产品成本资料表

2020 年 5 月　　　　金额单位：元

产品名称	直接材料	直接人工	制造费用
甲产品	15000	3200	8000
乙产品	12000	1600	4200

（2）本月生产数量见表 5-2-2。

表 5-2-2　　产量资料

2020 年 5 月　　数量单位：件

产品名称	月初在产品	本月投入	本月完工产品	月末在产品
甲产品	50	500	400	150
乙产品	80	400	480	

（3）本月发生的生产费用。

① 材料费用：生产甲产品耗用原材料 8.46 万元，生产乙产品耗用原材料 6.6 万元，甲、乙两种产品共同耗用原材料 3.2 万元，甲、乙两种产品耗用的原材料均是开工时一次投入，基本生产车间一般消耗原材料 5000 元，低值易耗品 4000 元。机修车间领用材料 1.2 万元，供电车间领用材料 6000 元。厂部管理部门耗用原材料 3000 元，低值易耗品 500 元。

② 工资费用：产品生产工人工资为 4 万元，生产车间管理人员工资为 2000 元，机修车间工资为 5000 元，供电车间工资为 8000 元，厂部管理人员工资为 1.5 万元。按工资总额的 14%计提福利费。

③ 折旧及其他费用：基本生产车间折旧费为 12000 元，机修车间折旧费为 3000 元，供电车间的折旧费为 4000 元，厂部管理部门折旧费为 8000 元。

④ 本月其他费用见表 5-2-3。

表 5-2-3　　其他费用表

2020 年 5 月　　金额单位：元

车间名称	费用项目					
	办公费	水费	保险费	其他	合计	支付方式
基本生产车间	1500	2200	2000	500	6200	银行付款 5500 元，现金付款 700 元
机修车间	1000	1000	500	500	3000	银行付款 2000 元，现金付款 1000 元
供电车间	600	500	1200	700	3000	银行付款 2500 元，现金付款 500 元
厂部管理部门	6000	1500	1800	700	15000	银行付款 8500 元，现金付款 1500 元
合计	12000	5200	5500	2400	22100	银行付款 18500 元，现金付款 3700 元

（4）工时记录：甲产品耗用工时为 2000 小时，乙产品耗用工时为 3000 小时。

（5）辅助生产产品及劳务供应量见表 5-2-4。

表 5-2-4　　辅助生产产品及劳务供应量表

受益单位	机修车间/小时	供电车间/度	单位计划成本
供电车间	200	—	1.1 元/度
机修车间	—	1000	8.5 元/小时
基本生产车间	2300	14000	
厂部管理部门	500	5000	
合　计	3000	20000	

注：计划成本与实际成本的差额全部计入管理费用。

（6）有关费用的分配方法。

① 甲、乙两种产品共同耗用的材料费用按定额耗用量比例分配；甲产品定额耗用量

1000千克，乙产品定额耗用量1800千克。

② 生产工人工资按甲、乙两种产品的生产工时比例分配。

③ 制造费用按甲、乙两种产品的生产工时比例分配。

要求：计算本月两种产品的生产成本。

关键知识点

（一）多品种法的概念

多品种法，是指企业生产多种产品而选择品种法核算时，成本对象可以分为多个产品品种，生产成本需要在多个产品之间进行分配的品种法。

（二）多品种法的适用范围

多品种法适用于生产产品品种多的企业。

（三）多品种法的特点

多品种法的特点是生产成本需在多个品种之间进行分配。

案例讨论与讲解

案例5-3　分析参考

1. 设置有关成本费用明细账和成本计算单

按品种设置基本生产成本明细账和成本计算单（表5-2-15、表5-2-16、表5-2-17），按车间设置辅助生产成本明细账和制造费用明细账（表5-2-9、表5-2-10、表5-2-12），其他与成本计算无关的管理费用明细账等。

2. 归集和分配本月发生的各项费用

根据各项生产费用发生的原始凭证和其他有关资料，编制各项费用要素分配表，分配各项费用要素。

（1）分配材料费用，见表5-2-5。

表5-2-5　　材料费用分配表

日期：2020年5月　　金额单位：元

应借账户			直接计入	间接计入			合计
总账账户	明细账户	成本项目		定额耗用量	分配率	分配额	
基本生产成本	甲产品	直接材料	84600	1000		11420	96020
	乙产品	直接材料	66000	1800		20580	86580
	小计		150600	2800	11.42	32000	182600
辅助生产成本	机修车间	机物料	12000				12000
	供电车间	机物料	6000				6000
	小计		18000				18000
制造费用	基本生产车间	机物料	5000				5000
		低值易耗品	4000				4000
管理费用	厂部管理部门	机物料	3000				3000
		低值易耗品	500				500
合计			181100			32000	213100

借：基本生产成本——甲产品　96020
　　　　　　　——乙产品　86580
　辅助生产成本——机修车间　12000
　　　　　　　——供电车间　6000
　制造费用——基本生产车间　12000
　管理费用——行政管理部门　3500
　贷：原材料　208600
　　周转材料——低值易耗品　4500

（2）工资费用分配见表5-2-6、表5-2-7。

表5-2-6　　　　**工资费用表**

日期：2020年5月　　　　金额单位：元

人员类别	应付工资	应付福利费
产品生产工人	40000	5600
车间管理人员	2000	280
机修车间	5000	700
供电车间	8000	1120
厂部管理人员	15000	1400
合计	65000	9100

表5-2-7　　　　**工资费用分配表**

日期：2020年5月　　　　金额单位：元

应借账户			分配标准（工时）	分配率	应分配工资	应分配福利费	合计
总账账户	明细账户	成本项目					
基本生产成本	甲产品	直接人工	2000		16000	2240	18240
	乙产品	直接人工	3000		24000	3360	27360
	小计		5000	8	40000	5600	45600
辅助生产成本	机修车间	职工薪酬			5000	700	5700
	供电车间	职工薪酬			8000	1120	9120
	小计				13000	8120	14820
制造费用	基本生产车间	职工薪酬			2000	280	2280
管理费用	厂部管理部门	职工薪酬			15000	1400	16000
合计					65000	9100	74100

借：基本生产成本——甲产品　18240
　　　　　　　——乙产品　27360
　辅助生产成本——机修车间　5700
　　　　　　　——供电车间　9120
　制造费用——基本生产车间　2280

制造费用——行政管理部门　　16000

贷：应付职工薪酬——工资　　　　65000

——职工福利　　　9100

（3）折旧及其他费用分配表见表 5-2-8。

表 5-2-8　　折旧及其他费用分配表

日期：2020 年 5 月　　金额单位：元

应借账户		金额					
总账账户	明细账户	折旧费	办公费	水费	保险费	其他	合计
制造费用	基本车间	12000	1500	2200	2000	500	18200
辅助生产成本	机修车间	3000	1000	1000	500	500	6000
	供电车间	4000	600	500	1200	700	7000
	小计	7000	1500	1500	1700	1200	12900
管理费用		8000	6000	1500	1800	700	18000
合计		27000	9000	5200	5500	2400	49200

根据折旧及其他费用分配表，编制会计分录如下：

借：制造费用——基本生产车间　　12000

辅助生产成本——供电车间　　4000

——机修车间　　3000

管理费用　　8000

贷：累计折旧　　27000

借：制造费用——基本生产车间　　18200

辅助生产成本——供电车间　　7000

——机修车间　　6000

管理费用　　18000

贷：库存现金　　3700

银行存款　　18500

3. 分配辅助生产费用

根据上述有关费用要素分配表，首先将属于辅助生产车间耗用的费用归集到辅助生产成本明细账，然后进行辅助生产成本的分配。

（1）辅助生产成本的归集见表 5-2-9、表 5-2-10。

表 5-2-9　　辅助生产成本明细账

车间名称：机修车间　　金额单位：元

2020 年		凭证号	摘　要	机物料	职工薪酬	折旧费	其他费用	合计	转出
月	日								
5	31	略	材料费用分配表	12000				12000	
	31		职工薪酬费用分配表		5700			5700	
	31		折旧及其他费用			3000	3000	6000	
	31		本月合计	12000	5700	3000	3000	23700	
	31		结转各受益部门	−12000	−5700	−3000	−3000	−23700	−23700

表 5-2-10　　　　　　　　　　**辅助生产成本明细账**

车间名称：供电车间　　　　　　　　　　　　　　　　　　金额单位：元

2020 年		凭证号	摘　　要	机物料	职工薪酬	折旧费	其他费用	合计	转出
月	日								
5	31	略	材料费用分配表	6000				6000	
	31		职工薪酬费用分配表		9120			9120	
	31		折旧及其他费用			4000	3000	7000	
	31		本月合计	6000	9120	4000	3000	22120	
	31		结转各受益部门	-6000	-9120	-4000	-3000	-22120	-22120

（2）辅助生产成本的分配见表 5-2-11。

根据案例中所给出的已知条件，可以采用计划成本分配法。

根据辅助生产成本明细账可以得出，机修车间本月实际辅助生产成本为 23700 元，供电车间实际辅助生产成本为 22120 元。

已知机修车间本月修理工时为 3000 小时，计划每小时修理费为 8. 5 元，供电车间本月供电为 20000 度，计划单位电费为 1. 1 元/度。可分别算出各车间的计划电费和修理费，见表 5-2-11。

表 5-2-11　　　　　　　　　　**辅助生产费用分配表**

金额单位：元

劳务供应劳务耗费			机修车间		供电车间		合计
			数量/小时	费用	数量/度	费用	
待分配的数量和费用			3000	23700	20000	22120	58120
计划单位成本				8. 5		1. 1	
辅助生产成本	机修车间	电费			1000	1100	1100
	供电车间	修理费	200	1700			1700
	小　计		200	1700	1000	1100	2800
制造费用	基本生产车间	电费			14000	15400	15400
		修理费	2300	19550			19550
	小　计		2300	19550	14000	15400	34950
管理费用	行政管理部门	电费			5000	5500	5500
		修理费	500	4250			4250
	小　计		500	4250	5000	5500	9750
按计划成本分配合计				25500		22000	47500
辅助生产实际成本				24800		23820	48620
辅助生产成本差异				-700		+1820	+1120

由表 5-2-11，可以得出：

机修车间的计划成本为：25500

供电车间的计划成本为：22000

机修车间的实际成本为：23700+1100=24800

供电车间的实际成本为：22120+1700=23820

则：

机修车间的成本差异：24800-25500=-700

供电车间的成本差异：23820-22000=1820

成本差异合计=-700+1820=1120

从已知条件可知，成本差异计入管理费用。

根据辅助生产费用分配表，结转辅助生产计划成本，编制会计分录如下：

借：制造费用——基本生产车间　　　34950
　　辅助生产成本——供电车间　　　1700
　　　　　　　　——机修车间　　　1100
　　管理费用　　　　　　　9750
　　贷：辅助生产成本——供电车间　　　22000
　　　　　　　　　　——机修车间　　　25500

结转辅助生产成本差异，为了简化成本计算工作，成本差异全部计入管理费用。

借：管理费用　　　　　1120
　　贷：辅助生产成本——供电车间　　　1820
　　　　　　　　　　——机修车间　　　-700

4. 归集和分配制造费用

（1）根据上述业务，登记制造费用明细账（表 5-2-12）。

表 5-2-12　　　　　　　　制造费用明细账

车间名称：基本生产车间　　　　日期：2020 年 5 月　　　　单位：元

摘要	机物料	工资及福利费	折旧费	低耗品摊销	办公费	保险费	水费	其他	修理费	电费	合计
材料费用	5000			4000							12000
工资及福利费		2280									2280
折旧及其他费			12000		1500	2000	2200	500			18200
辅助生产费用									19550	15400	34950
本月合计	5000	2280	12000	4000	1500	2000	2200	500	19550	15400	64430
制造费用分配转出	5000	2280	12000	4000	1500	2000	2200	500	19550	15400	64430

（2）对制造费用进行分配。根据前述已知条件，制造费用按产品生产工时比例分配。制造费用分配见表 5-2-13。

表 5-2-13　　　　　　　　制造费用分配表

日期：2020 年 5 月　　　　金额单位：元

分配对象	分配标准/生产工时	分配率	分配金额
甲产品	2000		25772
乙产品	3000		38658
合计	5000	12. 886	64430

根据制造费用分配表，编制会计分录如下：

借：基本生产成本——甲产品　　25772

　　　　　　　　——乙产品　　38658

　贷：制造费用——基本生产车间　　64430

5. 在完工产品与在产品之间分配生产费用

产品到月末时，既有完工产品又有在产品，因而要将甲产品基本生产成本明细账中归集的生产费用在完工产品和月末在产品之间进行分配。又因资料告知该企业月末在产品完工程度为50%，加上没有产品的定额成本以及成本计算方法的其他要求，因而适合采用约当产量法分配。乙产品由于没有月末在产品，则基本生产成本明细账中归集的生产费用全部是完工产品成本。

该企业本月甲产品完工入库400件，月末在产品150件，按约当产量法计算甲产品的完工产品成本和月末在产品成本。月末在产品约当产量计算情况见表5-2-14。

表5-2-14　　在产品约当产量计算表

产品名称：甲产品　　日期：2020年5月　　单位：件

成本项目	在产品数量	投料程度(完工程度)	约当产量
直接材料	150	100%	150
直接人工	150	50%	75
制造费用	150	50%	75

表5-2-15　　基本生产成本明细账

产品名称：甲产品　　完工数量：400件　　在产品数量：150件　　单位：元

2020年		凭证	摘　要	成 本 项 目			合 计
月	日			直接材料	直接人工	制造费用	
5	1		月初在产品成本	15000	3200	8000	26200
	31	略	材料费用	96020			96020
	31		工资费用		18240		18240
	31		制造费用			25772	25772
			生产费用合计	111020	21440	33772	166232
			分配率	201.85	45.13	71.09	318.07
	31		结转完工成本	-80740	-18052	-28436	-127228
	31		月末在产品成本	30280	3388	5336	39004

直接材料分配率＝111020÷(400+150)＝201.85

直接人工分配率＝21440÷(400+75)＝45.13

制造费用分配率＝33772÷(400+75)＝71.09

6. 编制完工产品成本计算单（表5-2-17）

根据完工产品成本计算单及成品入库单，结转完工入库产品的生产成本。编制会计分录如下：

借：库存商品——甲产品　　127228

——乙产品　　170398

贷：基本生产成本——甲产品　　127228

——乙产品　　170398

表 5-2-16　　基本生产成本明细账

产品名称：乙产品　　完工数量：480 件　　在产品数量：0 件　　单位：元

2020 年		凭证	摘　要	成　本　项　目			合 计
月	日			直接材料	直接人工	制造费用	
5	1		月初在产品成本	12000	1600	4200	17800
	31	略	材料费用	86580			86580
	31		工资费用		27360		27360
	31		制造费用			38658	38658
			生产费用合计	98580	28960	42858	170398
			结转完工成本	−98580	−28960	−42858	−170398

表 5-2-17　　完工产品成本计算单

金额单位：元

成本项目	甲产品(400 件)		乙产品(480 件)	
	总成本	单位成本	总成本	单位成本
直接材料	80740	201.85	98580	205.37
直接人工	18052	45.13	28960	60.33
制造费用	28436	71.09	42858	89.28
合计	127228	318.07	170398	354.98

实训

实训 5-2　多品种法实训

鸿冠机械厂生产 A、B 两种产品，设有一个基本生产车间、一个辅助生产车间（机修车间），产品生产工艺简单。该企业 2020 年 5 月有关资料如下：

生产工人工时：A、B 产品分别为 400 小时、500 小时。

丙材料定额：A、B 产品分别为 50 千克/件、40 千克/件。

本月 A 产品完工 200 件，月末没有在产品，B 产品完工 160 件，月末在产品 40 件，完工程度 50%，原材料在生产开始时一次投入。

机修车间提供 1500 小时机修工时：基本生产车间用 1000 小时，其中 A 产品用 450 小时，B 产品用 550 小时，车间管理部门用 100 小时，企业管理部门用 400 小时。

基本生产车间本月固定资产折旧费用 12000 元。

月初在产品成本见表 5-2-18。

A、B 两种产品本月发生的材料与工资费用见表 5-2-19。

表 5-2-18　　　　A、B 两种产品月初在产品成本资料表

日期：2020 年 5 月　　　　金额单位：元

产品名称	直接材料	直接人工	其他直接支出	制造费用
A 产品	5000	2632	368	4000
B 产品	14000	4386	614	6000

表 5-2-19　　　　A、B 两种产品本月材料与工资费用表

日期：2020 年 5 月　　　　金额单位：元

用途	共同耗用丙材料	直接领用甲材料	直接领用乙材料	应付职工薪酬
A 产品		21000		
B 产品			28000	
小计	18000	21000	28000	27360
基本生产车间一般耗用		2000		5244
机修车间			4000	5700
管理部门				11400
合计	18000	23000	32000	49704

根据上述资料回答如下问题：

（1）企业应选用哪种成本计算方法？

（2）A、B 产品共同耗用的丙材料费用如何分配？

（3）该厂应设置何种成本明细账并选用账页格式？

（4）请使用你确定的方法进行成本计算。

任务三　认知分步法

[微课]

认知分步法

案例引入

案例 5-4　分步法的选择

娄底市万象棉纺织厂主要生产棉纱和各种毛巾产品，通过市场销往全国各地。产品生产先后经过纺纱和织巾两大步骤。纺纱步骤包括：投入原料（原棉）→清花→梳棉→并条→粗纺→细纱等工序，纺成各种棉纱；然后送往织巾步骤，织巾步骤包括：络经→整经→浆纱→穿筘→织造等工序，织成各种毛巾，再经过整理、打包，即可入库等待销售。该企业生产的棉纱，既可以为本企业自用，继续加工成各种毛巾，又可以作为商品，直接对外出售。

提问：该厂适合采用什么方法进行成本核算？

关键知识点

（一）分步法的概念

分步法是指以产品的品种及所经生产步骤作为成本核算对象来归集生产费用、计算

产品生产成本的方法。按对成本结转的方式进行分类，可分为逐步结转分步法和平行结转分步法，如图 5-3-1 所示。

（1）逐步结转分步法。逐步结转分步法是指按照生产步骤逐步计算并结转半成品成本，直到最后步骤计算出产成品成本的方法。计算各生产步骤所产半成品成本，是逐步结转分步法的显著特征。因此，逐步结转分步法也称作计算半成品成本的分步法。

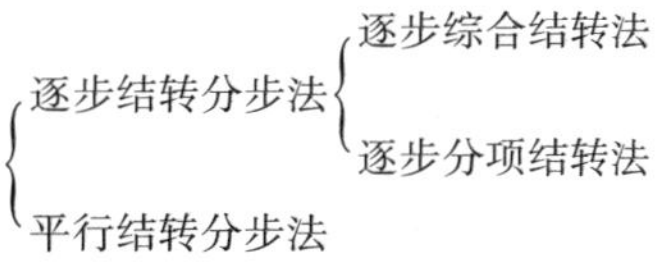

图 5-3-1　分步法分类

按照半成品成本在下一生产步骤的产品生产成本明细账中反映方法的不同，可分为：逐步综合结转法和逐步分项结转法两种。

（2）平行结转分步法。平行结转分步法是指将各生产步骤应计入相同产成品成本的份额平行汇总，以求得产成品成本的方法。平行结转分步法按照生产步骤归集费用，但只计算完工产成品在各生产步骤的成本“份额”，不计算和结转各生产步骤的半成品成本。因此，平行结转分步法也称作不计算半成品成本的分步法。

（二）分步法的特点

（1）以产品的品种及所经生产步骤作为成本核算对象。逐步结转分步法是计算半成品成本的分步法，其成本核算对象是产成品及其所经生产步骤的半成品。平行结转分步法是不计算半产品成本的分步法，其成本核算对象是产成品及其所经生产步骤。

（2）成本计算定期按月进行，与产品生产周期不一致。

（3）在本月完工产品与月末在产品之间分配生产费用。

（三）分步法的适用范围（图 5-3-2）

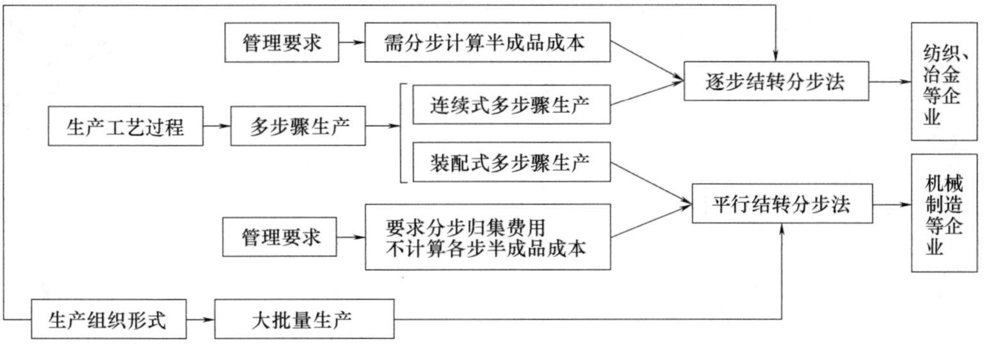

图 5-3-2　分步法的适用范围

分步法适用于大批量多步骤，管理上要求计算各步骤成本的企业，如冶金、纺织、造纸和机械制造等企业。

逐步结转分步法主要适用于半成品可以加工为不同产品或者有半成品对外销售和需要考核半成品成本的企业，特别是大量大批连续式多步骤生产企业，如纺织企业。

平行结转分步法主要适用于在成本管理上要求分步骤归集费用，但不要求计算半成品成本的企业，特别是没有半成品对外销售的大批量装配式多步骤的生产企业。

案例讨论与讲解

案例 5-4　分析参考

娄底市万象棉纺织厂主要生产棉纱和各种毛巾产品，通过市场销往全国各地。产品生产先后经过纺纱和织巾两大步骤。企业生产的棉纱，既可以为本企业自用，继续加工成各种毛巾，又可以作为商品，直接对外出售。这就要求工厂既要计算棉纱的成本又要计算毛巾的成本。而棉纱生产是第一步的产品，毛巾生产是第二步的产品。因此，该工厂为了计算产品销售成本，除了需要计算各种产成品的成本外，还必须计算各生产步骤所产半成品的成本。娄底市万象棉纺织厂以毛巾及其生产所经的各个生产步骤为成本计算对象，应采用逐步结转分步法核算产品成本。

实训

实训 5-3　分步法选择训练

娄城力霸机械制造厂主要生产各种机械产品，通过市场销往全国各地。企业的车间一般按生产工艺过程设置，设有铸工、锻工、加工、装配等车间。铸工车间利用生铁、钢、铜等各种原料熔铸各种铸件；锻工车间利用各种外购钢材锻造各种锻件。铸件和锻件都是用来进一步加工的毛坯。加工车间对各种铸件、锻件、外购半成品和外购材料进行加工，制造各种产品的零件和部件；然后转入装配车间进行装配，生产各种机械产品。本企业各生产步骤所产半成品的种类很多，而半成品外售的情况却较少，因此在管理上不要求计算半成品成本。

提问：该厂适合采用什么方法进行成本核算？

任务四　认知逐步结转分步法

［微课］

认知逐步结转分步法

案例引入

案例 5-5　逐步结转分步法程序分析

娄城棉纺厂是一家小型纺织企业，拥有棉纺纱锭 5000 锭，织机 50 台，主要产品有纱和坯布两大系列，纱类产品主要有 10~60 支纯棉及涤棉、腈棉、粘胶棉，年产量 1000 吨。坯布类产品主要有 1.4 米及以下的各类梭织布，年产量在 100 万米左右。梭织布生产由纺纱和织布两个车间连续加工制成。纺纱车间经清棉、梳棉、条卷、精梳、并条、粗纱、细纱、络筒、捻线、摇纱、成包等工序后制成棉纱，交半成品库验收；织布车间按所需棉纱数量向半成品库领用继续加工，经整经、浆纱、穿经、织造等工序，生产特种棉布。

提问：请分析该厂的成本计算程序。

关键知识点

（一）逐步结转分步法的概念

逐步结转分步法是指按照生产步骤逐步计算并结转半成品成本，直到最后步骤计算出产成品成本的方法。

（二）逐步结转分步法的基本程序

逐步结转分步法可按以下程序进行成本计算：

（1）计算第一步骤所产半成品成本，并将其转入第二步骤。

（2）将第二步骤发生的各种费用，加上第一步骤转入的半成品成本，计算出第二步骤所产半成品成本，并将其转入第三步骤。

（3）按照生产步骤逐步计算并且结转半成品成本以后，在最后步骤计算出完工产成品成本。

逐步结转分步法根据半成品是否入库，可有以下两种成本计算程序（图 5-4-1、图 5-4-2）。

图 5-4-1　逐步结转分步法的成本计算程序（不通过仓库收发）

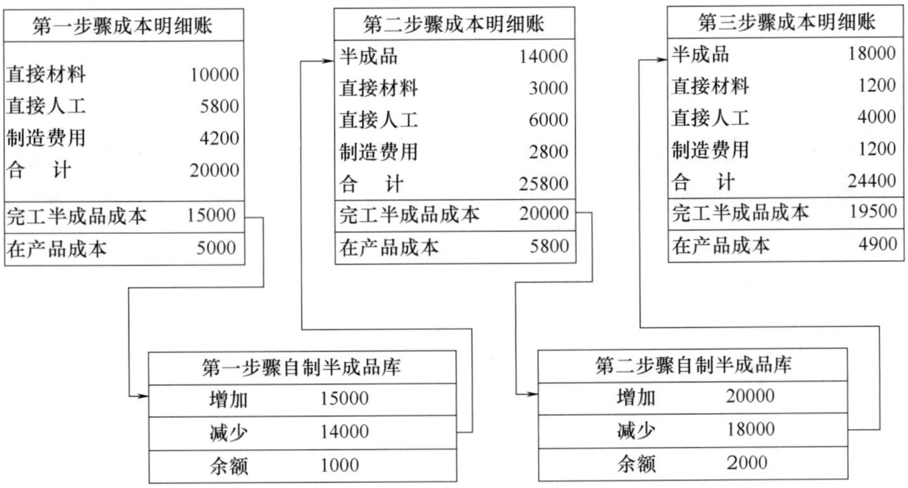

图 5-4-2　逐步结转分步法的成本计算程序（通过仓库收发）

上一步骤的半成品直接进入下一步骤不通过半成品库，则上一步骤完工半成品成本全部进入下一步骤，如果通过半成品库进入，则要考虑领用量的多少。无论是否通过半成品库收发，计算后面步骤成本，均需通过半成品项目进行计算结转。

从以上所述的成本结转计算程序可以看出，逐步结转分步法实际上就是品种法的多次连续应用，即在采用品种法计算上一步骤的半成品成本以后，按照下一步骤的耗用数转入下一步骤成本；下一步骤再一次采用品种法归集所耗半成品的费用和本步骤其他费用，计算其半成品成本；如此逐步结转，直至最后一个步骤算出产成品成本。

按实际成本综合结转半成品成本时，对所耗上一步骤的半成品成本，应根据所耗半成品数量乘以实际单位成本计算。在通过仓库收发半成品的情况下，发出半成品的单位成本可用加权平均法、先进先出法或个别计价法等存货计价方法计算。

（三）逐步结转分步法的分类

采用逐步结转分步法计算产品成本，上一步骤的半成品往往成为下一步骤的材料来源，其成本内容包括直接材料、直接人工、制造费用等项目，那么，上一步骤半成品转入下一步骤时，其金额如何确定？是以一个总数转入下一步，还是按直接材料、直接人工、制造费用等项目转入？这种呈现方式也可称为半成品成本在下一生产步骤产品生产成本明细账中的反映方式，根据不同方式，可将成本结转分为综合结转法和分项结转法两种。

案例讨论与讲解

案例 5-5　参考答案

该工厂产品生产由纺纱和织布两个车间连续加工制成，年产量 1000 吨。这是一种大批量、多步骤生产；第一步骤产品棉纱交半成品库验收，第二步骤从半成品库领用继续加工，半成品要入半成品库，棉纱和布均可单独出售，因此，该企业的成本计算程序是一种通过仓库收发的逐步结转分步法成本计算程序。

实训

实训 5-4　逐步结转分步法实训

娄底江虹服装有限公司主要生产鸭绒服（羽绒服）和滑雪服两种产品，工厂设有两个基本生产车间：鸭绒加工车间和服装制作车间。鸭绒加工车间将生产出来的鸭绒做成内胆，送仓库；服装制作车间则从半成品仓库领取内胆，进一步加工制作成鸭绒服（羽绒服和滑雪服）。

要求：请分析该公司的成本核算程序。

任务五　应用逐步综合结转分步法

［微课］
应用逐步综合
结转分步法

案例引入

案例 5-6　逐步综合结转分步法的应用

华盛工厂从 2020 年 5 月份开始生产 A 产品，该产品经过三个生产车间加工，一车间投入原材料加工成甲半成品，二车间领用甲半成品加工成乙半成品，三车间领用乙半成品加工成 A 产成品，原材料在一车间生产时一次投入，各步骤的在产品在本步骤的完工程度均为 50%，该企业要求计算每个车间的半成品成本和产成品成本。产量记录与费用资料见表 5-5-1。

要求：计算各车间半成品成本和产成品成本。

表 5-5-1　　产量记录与费用资料表

	直接材料	直接人工	制造费用	投入产量（或领用量）	本月完工	月末在产品
一车间	3000	2180	1300	12	10	2
二车间	—	1800	1000	10	8	2
三车间	—	800	600	8	6	2

关键知识点

逐步综合结转分步法的概念

逐步综合结转分步法，也称为半成品成本的综合结转，是将上一生产步骤转入下一生产步骤的半成品成本，不分成本项目，全部记入下一生产步骤产品生产成本明细账中的“直接材料”成本项目或专设的“半成品”成本项目，综合反映各步骤所耗用的上一步骤所产半成品成本。半成品成本的综合结转是可以按照上一步骤所产半成品的实际成本结转，也可以按照企业确定的半成品计划成本或定额成本结转的一种方法。

案例讨论与讲解

案例 5-6　分析参考

1. 计算第一步骤所产半成品成本，并将其转入第二步骤

即：将第一步骤发生的生产费用在第一步骤的完工产品与在产品之间分配，即计算出甲半成品成本（表 5-5-2）。

（1）分配材料：一次投入。

约当产量＝10+2＝12

材料分配率：3000/12＝250

甲半成品材料成本：10×250＝2500

一车间在产品材料成本：3000−2500＝500

（2）分配人工。

约当产量＝10+2×50%＝11

人工分配率＝2180/11＝198. 18

甲半成品人工费＝198. 18×10＝1981. 80

一车间在产品人工：2180−1981. 8＝198. 2

（3）分配制造费用。

约当产量＝10+2×50%＝11

分配率＝1300/11＝118. 18

甲半成品的制造费用：10×118. 18＝1181. 8

一车间在产品成本：1300−1181. 8＝118. 2

（4）计算甲半成品成本并结转。

甲半成品总成本：2500+1981. 8+1181. 8＝5663. 6

借：自制半成品——甲半成品　　15663. 6

　　贷：基本生产成本——甲半成品（直接材料）　2500

　　　　　　　　　　——甲半成品（直接人工）　1981. 8

　　　　　　　　　　——甲半成品（制造费用）　1181. 8

表 5-5-2　　甲半成品生产成本明细账

产品名称：甲半成品　　车间：一车间　　金额单位：元

2020 年		凭证	摘要	成本项目			合计
月	日			直接材料	直接人工	制造费用	
12	31	略	材料费用表	3000			3000
	31		职工薪酬计算表		2180		2180
	31		制造费用分配表			1300	1300
	31		生产费用合计	3000	2180	1300	6480
	31		费用分配率	250	198. 18	118. 18	
	31		完工半成品成本	2500	1981. 8	1181. 8	5663. 6
	31		月末在产品成本	500	198. 2	118. 2	816. 4

2. 将第二步骤发生的各种费用，加上第一步骤转入的半成品成本，计算出第二步骤所产半成品成本，并将其转入第三步骤

即：生产费用在第二步骤完工与在产品之间分配，即计算乙半成品成本（表 5-5-3）。

（1）二车间领用甲半成品时的分录。

借：基本生产成本——乙半成品（自制半成品）　5663. 6

　　贷：自制半成品——甲半成品　　5663. 6

（2）计算乙半成品成本。

① 材料费用分配。

总额：5663. 6　约当产量＝8+2＝10

分配率 5663. 6/10＝566. 36

乙半成品材料成本＝566. 36×8＝4530. 90

第二步骤在产品材料成本＝5663. 6−4530. 9＝1132. 7

② 人工费用分配。

约当产量＝8+2×50%＝9

分配率＝1800/9＝200

乙半成品的人工费用＝8×200＝1600　在产品＝200

③ 制造费用分配。

约当产量＝9　　分配率＝1000/9＝111. 11

乙半成品制造费用＝8×111. 11＝888. 88　在产品＝111. 12

④ 计算乙半成品成本并结转。

乙半成品成本＝4530. 91+1600+888. 88＝7019. 8

借：自制半成品——乙半成品　7019. 8

贷：基本生产成本——乙半成品（自制半成品）　4530.9
　　　　　　　　——乙半成品（直接人工）　1600
　　　　　　　　——乙半成品（制造费用）　888.88

表 5-5-3　　　　第二生产车间基本生产成本明细账

产品名称：乙半成品　　日期：2020 年 5 月　　金额单位：元

2020 年		凭证	摘要	成本项目			合计
月	日			自制半成品	直接人工	制造费用	
12	31	略	上一步骤转入	5663.64			5663.64
	31		职工薪酬计算表		1800		1800
	31		制造费用分配表			1000	1000
	31		生产费用合计	5663.64	1800	1000	8463.64
	31		费用分配率	566.36	200	111.11	877.47
	31		完工半成品成本	4530.9	1600	888.88	7019.8
	31		月末在产品成本	1132.73	200	111.12	1443.84

3. 按照生产步骤逐步计算并且结转半成品成本以后，在最后步骤计算出完工产成品成本

即：第三步骤是生产成本在完工产品与在产品之间分配，即计算完工产品成本（表 5-5-4）。

（1）三车间领用甲半成品时的分录：

借：基本生产成本——A 产品（自制半成品）　7019.8

　　贷：自制半成品——乙半成品　7019.8

（2）计算产成品成本。

① 自制半成品费用分配。

总额：7019.8　约当产量 = 6+2 = 8

分配率 = 7019.8/8 = 877.47

完工产品自制半成品成本 = 877.47×6 = 5264.85

在产品自制半成品成本 = 7019.8−5264.85 = 1754.95

② 人工费用分配。

约当产量 = 6+2×50% = 7

分配率 = 800/7 = 114.29

完工成品的人工费用 = 6×114.29 = 685.71

在产品的人工费用 = 800−685.71 = 114.29

③ 制造费用分配。

约当产量 = 7

分配率 = 600/7 = 85.71

完工成品制造费用 = 6×85.71 = 514.29

在产品制造费用 = 600−514.29 = 85.71

④ 计算产成品成本并结转。

完工产品成本 = 5264. 85+685. 71+514. 29 = 6464. 85

借：库存商品——A 产品　　6464. 85

　贷：基本生产成本——A 产品（自制半成品）　　5264. 85

　　　　　　　　　——A 产品（直接人工）　　685. 71

　　　　　　　　　——A 产品（制造费用）　　514. 29

表 5-5-4　　第三生产车间基本生产成本明细账

产品名称：A 产品　　日期：2020 年 5 月　　金额单位：元

2020 年		凭证	摘要	成本项目			合计
月	日			自制半成品	直接人工	制造费用	
12	31	略	上一步骤转入	7019. 8			7019. 8
	31		职工薪酬计算表		800		800
	31		制造费用分配表			600	600
	31		生产费用合计	7019. 8	800	600	8419. 8
	31		费用分配率	877. 47	114. 29	85. 71	1077. 47
	31		完工 A 产品成本	5264. 85	685. 71	514. 29	6464. 85
	31		月末在产品成本	1754. 95	114. 29	85. 71	1954. 95

思考：

我们知道，完工产品成本项目包括自制半成品、直接人工、制造费用。那么，不能正确反映所耗材料费用的有多少？自制半成品的成本来源于最初的直接材料及后续的人工、制造费用等。那么，应该如何将自制半成品项目转换为材料、人工、制造费用呢？

实训

实训 5-5　逐步综合结转分步法实训

华盛工厂从 2020 年 1 月份继续生产 A 产品，该产品经过三个生产车间加工，一车间投入原材料加工成甲半成品，二车间领用甲半成品加工成乙半成品，三车间领用乙半成品加工成 A 产成品，原材料在一车间生产时一次投入，各步骤的在产品在本步骤的完工程度均为 50%，该企业要求计算每个车间的半成品成本和产成品成本。2020 年 1 月份有关资料如表 5-5-5 所示。

要求：计算各车间半成品成本和产成品成本。

表 5-5-5　　产量记录与费用资料表

	直接材料	直接人工	制造费用	月初在产品	投入产量或领用量	本月完工	月末在产品
一车间	2600	2000	1500	1	13	12	2
二车间	—	1540	1100	2	12	10	4
三车间	—	1140	760	1	10	9	2

任务六　应用逐步综合结转分步法成本还原

案例引入

案例 5-7　逐步综合结转分步法成本还原的应用

在“任务五　应用逐步综合结转分步法”知识点的学习中，运用逐步综合结转分步法计算出了华盛工厂 2020 年 5 月份 A 产品的生产成本为 6464. 85 元，其中，自制半成品项目成本为 5264. 85 元，直接人工项目为 685. 71 元，制造费用项目为 514. 29 元。自制半成品项目的金额来源于第二步骤的完工半成品成本，而第二步骤的完工半成品成本包括“自制半成品、直接人工、制造费用”，其中的“自制半成品”又来源于第一步骤的完工半成品成本，第一步骤的完工半成品成本包括“直接材料、直接人工、制造费用”。

提问：你认为是否需要将“自制半成品”还原成“直接材料”“直接人工”“制造费用”项目？如果需要应该如何进行还原？

关键知识点

（一）成本还原的概念

成本还原是指将上一步骤的“自制半成品”还原成“直接材料”“直接人工”“制造费用”等原始成本项目，从而取得按原始成本项目反映的产成品成本资料。

成本还原是按照反工艺顺序进行的，即从最后一个生产步骤开始，将其所耗用的上一生产步骤自制半成品的综合成本，按照上一生产步骤所产半成品的成本构成，分解还原为原来成本项目的成本，直到第一个生产步骤；然后，将各生产步骤相同成本项目的成本数额加以汇总，就可以求得成本还原以后产成品的实际总成本，即按原始成本项目反映的产成品实际总成本。

成本还原前后产成品的实际总成本一定是相等的。

（二）成本还原的方法

成本还原的方法有结构比重还原法和成本还原分配率还原法。

1. 成本还原分配率还原法

成本还原分配率还原法，又称成本还原率法，成本还原率法是指按各步骤耗用上一步骤半成品的综合成本占上一步骤完工半成品的总成本的比率进行还原的方法。

具体的计算程序如下：

① 计算成本还原分配率。成本还原分配率，是本月产成品所耗上一步骤半成品费用与该步骤本月所产半成品成本的比率，用公式表示为：

$$还原分配率=\frac{本月产成品所耗上一步骤半成品费用}{本月所产该种完工半成品成本合计}$$

② 计算半成品各成本项目还原值。应还原为上一步骤某项成本项目金额 = 上一步骤生产的半成品某个成本项目的成本×成本还原分配率

③ 计算产成品还原后各成本项目金额。在成本还原的基础上，将各步骤还原前和

还原后相同的成本项目金额相加，即可计算出产成品还原后各成本项目金额，从而取得按原始成本项目反映的产成品成本资料。成本还原一般是通过成本还原计算表进行的。

2. 结构比重还原法

结构比重还原法是指按半成品成本项目占全部半成品成本的比重进行还原的方法。

具体的计算程序如下：

① 确定各步骤完工产品的成本结构，即计算上一步骤成本项目结构比重。

② 计算本步骤成本还原额。

从最后一步骤开始进行成本还原，本步骤某项目成本＝本步骤成品的综合成本×上一步骤该种半成品该项目的比重。

（三）成本还原的优缺点分析

（1）逐步结转分步法的成本计算对象是企业产成品及其各步骤的半成品，这就为分析和考核企业产品成本规划和各生产步骤半成品成本规划的执行情况，以及为正确计算半成品销售成本提供了资料。

（2）不论是综合结转还是分项结转，半成品成本都是随着半成品实物的转移而结转，各生产步骤产品成本明细账中的生产费用余额，反映了留存在各个生产步骤的在产品成本，因而还能为在产品的实物管理和生产资金管理提供资料。

（3）采用综合结转法结转半成品成本时，由于各生产步骤产品成本中包括所耗上一生产步骤半成品成本，从而能全面反映各步骤完工产品中所耗上一步骤半成品费用水平和本步骤加工费用水平，有利于各步骤的成本管理。

（4）这一方法的核算工作比较复杂，核算工作的及时性也较差。如果采用综合结转法，需要进行成本还原；如果采用分项结转法，结转的核算工作量大；如果半成品按计划成本结转，还要计算和调整半成品成本差异；如果半成品按实际成本结转，各步骤则不能同时计算成本，成本计算的及时性差。因此，采用这一方法时，必须从实际出发，根据管理要求，权衡利弊，做到既满足管理要求，提供所需的各种资料，又能简化核算工作。

案例讨论与讲解

案例 5-7　分析参考

1. 使用成本还原分配率法进行还原

（1）将第三步骤还原到第二步骤。

① 计算成本还原分配率。

成本还原分配率＝本月所耗上一步骤半成品费用/本月上一步骤所产该种完工半成品成本合计

成本还原分配率＝5264. 85/7019. 8＝0. 75

② 计算成本还原金额（表 5-6-1）。

本步骤还原金额＝上一步骤生产的半成品某个成本项目的成本×成本还原分配率

表 5-6-1　　成本还原计算表 1

	自制半成品	直接人工	制造费用	合计
还原率	0. 75	0. 75	0. 75	
计算本步骤成本还原额	0. 75×4530. 90 = 3398. 18	0. 75×1600 = 1200	0. 75×888. 88 = 666. 66	5264. 85

（2）将第二步骤还原到第一步骤。

① 计算成本还原分配率。将第二步骤还原到第一步骤，是指将第三步骤还原到第二步骤的自制半成品进行还原。

成本还原分配率 = 3398. 18/5663. 6 = 0. 6

② 计算还原金额（表 5-6-2）。

表 5-6-2　　成本还原计算表 2

	直接材料	直接人工	制造费用	合计
还原率	0. 6	0. 6	0. 6	
计算本步骤成本还原额	0. 6×2500 = 1500	0. 6×1981. 8 = 1189. 09	0. 6×1181. 8 = 709. 08	3398. 18

（3）计算完工产品的分项成本。

直接材料：1500

直接人工：1189. 09+1200+685. 71 = 3074. 8

制造费用：709. 08+666. 66+514. 29 = 1890. 03

完工产品总成本：1500+3074. 8+1890. 03 = 6464. 83

（误差 0. 02 为四舍五入引起）

2. 使用结构比重法进行还原

（1）将第三步骤还原到第二步骤。先计算上一步骤成本结构比重，然后根据结构比重计算还原金额（表 5-6-3）。

上一步骤成本结构比重 = 上一步骤某项目成本/上一步骤完工半成品成本

本步骤某项目成本 = 本步骤成品的综合成本×上一步骤该种半成品该项目的比重

表 5-6-3　　成本还原计算表 3

	自制半成品	人工	制造费用	合计
上一步骤成本结构比重	4530. 9/7019. 8 = 0. 65	1600/7019. 8 = 0. 23	888. 88/7019. 8 = 0. 12	1
计算本步骤成本还原额	5264. 85×0. 65 = 3422. 15	5264. 85×0. 23 = 1210. 92	5264. 85×0. 12 = 631. 78	5264. 85

（2）将第二步骤还原到第一步骤。成本还原计算结果如表 5-6-4 所示。

表 5-6-4　　成本还原计算表 4

	直接材料	直接人工	制造费用	合计
上一步骤成本结构比重	2500/5663. 6 = 0. 44	1918. 8/5663. 6 = 0. 35	1181. 8/5663. 6 = 0. 21	1
计算本步骤成本还原额	3422. 12×0. 44 = 1505. 73	3422. 12×0. 35 = 1197. 74	3422. 12×0. 21 = 718. 65	3422. 12

（3）计算完工产品的分项成本。

直接材料：1505.73

直接人工：1197.74+1210.92+685.71=3094.37

制造费用：718.65+631.78+514.29=1864.72

完工产品总成本：1505.73+3094.37+1864.72=6464.82

（误差0.03为四舍五入引起）

实训

实训5-6　逐步综合结转分步法成本还原实训

在"实训5-5"中，我们运用逐步综合结转分步法计算出了华盛工厂2020年5月份A产品的生产成本为8336.73元，其中，自制半成品项目成本为6626.73元，直接人工项目为1026元，制造费用项目为864元。自制半成品项目的金额来源于第二步骤的完工半成品成本，而第二步骤的完工半成品成本包括"自制半成品、直接人工、制造费用"，其中的"自制半成品"又来源于第一步骤的完工半成品成本，第一步骤的完工半成品成本包括"直接材料、直接人工、制造费用"。

提问：你认为是否需要将"自制半成品"还原成"直接材料""直接人工""制造费用"项目呢？如果需要应该如何进行还原？

任务七　应用逐步分项结转分步法

［微课］
应用逐步分项
结转分步法

案例引入

案例5-8　逐步分项结转分步法的应用

娄文工厂甲产品2020年12月份生产数量见表5-7-1，月初在产品成本和本月发生生产费用见表5-7-2，第一车间生产A半成品，A半成品直接转入第二车间，第二车间生产B半成品并先入库，采用移动加权平均法计算领用成本，第三车间生产出甲产品。

要求：采用逐步分项结转法计算完工产品成本。

表5-7-1　娄文工厂生产数量记录表

产品：甲产品　日期：2020年12月　数量单位：件

项目	第一车间	第二车间	第三车间
月初在产品	40	80	80
本月投入或上一步骤转入	440	400	400
本月完工转入下一步骤或交库	400	400	440
月末在产品	80	80	40

表 5-7-2　　　　娄文工厂生产费用记录表

产品：甲产品　　　　日期：2020 年 12 月　　　　金额单位：元

项目	第一车间	第二车间	第三车间
月初在产品成本	15600	53000	80000
其中:直接材料	11000	20000	20000
本步骤发生	11000	0	0
上一步骤转入		20000	20000
直接人工	2600	19000	34000
本步骤发生	2600	9000	8000
上一步骤转入		10000	26000
制造费用	2000	14000	26000
本步骤发生	2000	8000	8000
上一步骤转入		8000	20000
本月本步骤发生生产费用	204000	150000	149000
其中:直接材料	110000		
直接人工	53000	85000	85000
制造费用	41000	65000	64000

关键知识点

逐步分项结转分步法的概念

逐步分项结转分步法，也称半成品成本的分项结转，是将上一生产步骤转入本生产步骤的半成品成本，按其原始成本项目，分别记入本生产步骤产品生产成本明细账中对应的成本项目，分项反映各步骤所耗上一步骤所产半成品成本。

案例讨论与讲解

案例 5-8　分析参考

成本计算程序：计算第一车间本月 A 半成品实际成本→计算第二车间本月 B 半成品实际成本→计算第三车间本月甲产品实际成本并进行结转。

第一步骤：计算第一车间本月 A 半成品实际成本，计算结果见表 5-7-3，计算方法与综合结转计算相同。

表 5-7-3　　　　第一车间产品成本计算单

产品：A 半成品　　　　日期：2020 年 12 月　　　　单位：元

项目	直接材料	直接人工	制造费用	合计
月初在产品成本	11000	2600	2000	15600
本月发生生产费用	110000	53000	41000	204000
生产费用合计	121000	55600	43000	219600
完工产品数量	400	400	400	400
月末在产品约当产量	80	40	40	
约当产量总量	480	440	440	
分配率	252. 0833	126. 3636	97. 7273	
完工 A 产品总成本	100833. 33	50545. 45	39090. 91	190469. 70
在产品成本	20166. 67	5054. 55	3909. 09	29130. 30

一车间将完工半成品交库：

借：自制半成品——A 半成品　　190469. 70

　　贷：基本生产成本——A 半成品　　190469. 70

第二步骤：计算第二车间本月 B 半成品实际成本，计算结果见表 5-7-4。本步骤采用分项结转，上一步骤的半成品成本需按实际成本分项转入下一步骤。

二车间领用 A 半成品：

借：基本生产成本——B 半成品（直接材料）　　100833. 33

　　　　　　　　——B 半成品（直接人工）　　50545. 45

　　　　　　　　——B 半成品（制造费用）　　39090. 91

　　贷：自制半成品——A 半成品　　190469. 70

表 5-7-4　　第二车间产品成本计算单

产品：B 半成品　　日期：2020 年 12 月　　单位：元

项目	直接材料		直接人工		制造费用		合计
	上一步骤转入	本步骤发生	上一步骤转入	本步骤发生	上一步骤转入	本步骤发生	
月初在产品成本	20000		10000	9000	8000	8000	55000
本月发生生产费用				85000		65000	150000
本月上步骤转入费用	100833. 33		50545. 45		39090. 91		190469. 70
生产费用合计	120833. 33	0	60545. 45	94000	47090. 91	73000	395469. 70
完工产品数量	400		400	400	400	400	
月末在产品约当产量	80		80	40	80	40	
约当产量总量	480	0	480	440	480	440	
分配率	251. 7361		126. 1364	213. 6364	98. 1061	165. 9091	855. 5240
完工 B 产品总成本	100694. 44	0	50454. 55	85454. 55	39242. 42	66363. 64	342209. 60
月末在产品成本	20138. 89	0	10090. 91	8545. 45	7848. 48	6636. 36	53260. 10

注：每一成本项目都分为上一步骤转入、本步骤发生。

二车间将完工半成品交库：

借：自制半成品——B 半成品　　342209. 60

　　贷：基本生产成本——B 半成品（直接材料）　　100694. 44

　　　　　　　　　　——B 半成品（直接人工）　　135909. 10

　　　　　　　　　　——B 半成品（制造费用）　　105606. 06

第三步骤：计算第三车间本月甲产品实际成本。工厂三车间生产的甲成品成本，包括本步骤发生的生产费用和从半成品仓库领用的 B 半成品成本。采用分项结转法时，自制半成品明细账中的 B 半成品成本也应当分项登记，车间领用 B 半成品时，也应分项登记，计算结果见表 5-7-5。

三车间领用 B 半成品：

借：基本生产成本——甲产品（直接材料）　　100578. 70

　　　　　　　　——甲产品（直接人工）　　134924. 24

　　　　　　　　——甲产品（制造费用）　　100000. 00

贷：自制半成品——B 半成品　　335502.94

表 5-7-5　　自制半成品资料

产品：B 半成品　　日期：2020 年 12 月　　单位：元

项目	数量	金额合计	其中		
			直接材料	直接人工	制造费用
月初结存	80	66000	20000	26000	20000
本月第二车间交库	400	342209.60	100694.44	135909.09	105606.06
合计	480	408209.60	120694.44	161909.09	120000
加权平均单位成本		838.7574	251.4468	337.3106	250
本月第三车间领用	400	335502.94	100578.70	134924.24	100000
月末结存	80	72706.65	20115.74	26984.85	20000

最后，计算第三车间本月甲产品实际成本，计算结果见表 5-7-6。

三车间将完工甲产品交库：

借：库存商品——甲产品　　525870.46

　贷：基本生产成本——甲产品（直接材料）　　110530.48

　　　　　　　　　——甲产品（直接人工）　　236470.41

　　　　　　　　　——甲产品（制造费用）　　178869.57

表 5-7-6　　甲产品成本计算单

产品：甲产品　　日期：2020 年 12 月　　单位：元

项目	直接材料		直接人工		制造费用		合计
	上一步骤转入	本步骤发生	上一步骤转入	本步骤发生	上一步骤转入	本步骤发生	
月初在产品成本	20000		26000	8000	20000	8000	82000
本月发生生产费用				85000		64000	149000
领取 B 半成品	100578.70		134924.24		100000		335502.94
生产费用合计	120578.70	0	160924.24	93000	120000	72000	566502.94
完工产品数量	440		440	440	440	440	
月末在产品约当产量	40		40	20	40	20	
约当产量总量	480		480	460	480	460	
分配率	251.2056		335.2588	202.1739	250	156.5217	1195.1601
完工甲产品总成本	110530.48		147513.89	88956.52	110000	68869.57	525870.46
在产品成本	10048.23		13410.35	4043.48	10000	3130.43	40632.49

实训

实训 5-7　逐步分项结转分步法实训

吉祥工厂转子轮产品 2020 年 12 月份生产数量见表 5-7-7，月初在产品成本和本月发生生产费用见表 5-7-8，第一车间生产转子轮 A 半成品，A 半成品直接转入第二车间，第二车间生产转子轮 B 半成品并先入库，采用移动加权平均法计算领用成本，第三车间生产出转子轮产品。

要求：采用逐步分项结转法计算完工产品成本。

表 5-7-7　　　　娄文工厂生产数量记录表

产品：转子轮产品　　　日期：2020 年 12 月　　　数量单位：件

项　目	第一车间	第二车间	第三车间
月初在产品	50	90	90
本月抽入或上一步骤转入	440	400	400
本月完工转入下一步骤或交库	400	400	440
月末在产品	90	90	50

表 5-7-8　　　　娄文工厂生产费用记录表

产品：转子轮产品　　　日期：2020 年 12 月　　　金额单位：元

项　目	第一车间	第二车间	第三车间
月初在产品成本	18100	56000	80000
其中：直接材料	13000	21000	20000
本步骤发生	13000	0	0
上一步骤转入		21000	20000
直接人工	3100	21000	34000
本步骤发生	3100	10000	8000
上一步骤转入		11000	26000
制造费用	2000	14000	26000
本步骤发生	2500	9000	8000
上一步骤转入		9000	20000
本月本步骤发生生产费用	211000	155000	149000
其中：直接材料	115000		
直接人工	55000	90000	85000
制造费用	41000	65000	64000

任务八　应用平行结转分步法

［微课］
应用平行结转分步法

案例引入

案例 5-9　平行结转分步法的应用

娄底甲骨文工厂生产的甲产品经过三个生产车间生产完成。原材料于生产开始时一次投入，各生产车间的在产品完工程度均为 60%。由于该产品在各步骤的半成品不对外出售，管理上也不需要各步骤半成品生产成本，所以，为简化核算，企业采用平行结转分步法计算产品成本，而且采用约当产量比例法计算各步骤应计入产成品成本份额。2020 年 12 月份有关资料见表 5-8-1、表 5-8-2。

表 5-8-1　　　　　　　　　　　**产量记录表**　　　　　　　　　　　单位：件

	一车间	二车间	三车间	产成品
月初在产品数量	20	30	50	
本月投产或上一车间转入数量	230	200	190	
本月完工或转入下一车间数量	200	190	200	200
期末各车间在产品数量	50	40	40	
加工程度	60%	60%	60%	

表 5-8-2　　　　　　　　　　　**生产费用表**　　　　　　　　　　　单位：元

项目		直接材料	直接人工	制造费用	合计
一车间	月初在产品成本	10100	4760	2000	16860
	本月生产费用	50000	12360	6600	68960
二车间	月初在产品成本		2000	1400	3400
	本月生产费用		9000	7500	16500
三车间	月初在产品成本		1200	1500	2700
	本月生产费用		10000	8000	18000

要求：采用平行结转分步法计算产品成本。

关键知识点

（一）平行结转分步法的概念

平行结转分步法是指半成品成本并不随半成品实物的转移而结转，而是在哪个步骤发生就留在该步骤的成本明细账内，直到最后加工成产成品，才将其成本从各步骤的成本明细账转出的方法。即各生产步骤只归集计算本步骤直接发生的生产费用，不计算结转本步骤所耗用上一步骤的半成品成本；各生产步骤分别与完工产品直接联系，本步骤只提供在产品成本和加入最终产品成本的份额，平行独立、互不影响地进行成本计算，平行地把份额计入完工产品成本。

（二）平行结转分步法的计算程序

（1）按每种产品的品种及其所经过的生产步骤，设置产品成本计算单归集生产费用。

（2）按每种产品和它所经过的生产步骤归集生产费用，计算出每一步骤所发生的生产费用总额。

（3）采用一定的方法计算每一生产步骤应计入产成品成本的“份额”。

（4）将各生产步骤中确定的应计入产成品成本的“份额”平行汇总，计算出每种产成品的总成本。

（5）将各步骤产品成本计算单上归集的生产费用，扣除应计入产成品成本中的“份额”，其余额就是在产品成本。

平行结转分步法的计算程序如图 5-8-1 所示。

第一步骤甲产品成本计算单	
直接材料	4000
直接人工	2000
制造费用	1000
合 计	7000
广义在产品成本	4000
应计入完工产品成本的“份额”	3000

第一步骤甲产品成本计算单	
直接材料	3500
直接人工	2000
制造费用	2000
合 计	7500
广义在产品成本	4500
应计入完工产品成本的“份额”	3000

第一步骤甲产品成本计算单	
直接材料	4000
直接人工	1000
制造费用	1000
合 计	6000
广义在产品成本	4000
应计入完工产品成本的“份额”	2000

第一步转入的“份额”	第二步转入的“份额”	第三步转入的“份额”
3000	3000	2000
完工产品成本 8000		

图 5-8-1 平行结转分步法的计算程序

（三）平行结转分步法下应计入产成品成本中的“份额”及约当产量的计算

（1）某步骤应计入产成品成本份额=产成品数量×该步骤半成品单位成本。其中“该步骤半成品单位成本”在实际计算时，要分成本项目进行确定，即分成本项目计算它的分配率。计算时可采用约当产量法求得。

（2）某步骤某项费用应计入产品成本单位费用分配率=(该步骤该项费用期初在产品成本+本步骤该项费用本期发生额)/(产成品数量+该步骤期末广义在产品约当产量)。

（3）某步骤分配材料费用的期末广义在产品约当产量=已经本步骤加工而留存以后各步骤（含半成品库）的月末半成品数量+(本步骤期末在产品数量×本步骤期末在产品投料程度)。

（4）某步骤分配工资、制造费用的期末广义在产品约当产量=已经本步骤加工而留存以后各步骤（含半成品库）的月末半成品数量+(本步骤期末在产品数量×本步骤期末在产品加工程度)。

（5）某步骤某项费用应计入产成品份额=产成品数量×单位产成品需要该步骤半成品数量×该步骤该项费用应计入产成品单位费用分配率。

（6）某步骤某项费用期末在产品成本=该步骤该项费用期初在产品成本+该步骤该项费用本期发生额-该步骤该项费用应计入产成品成本的份额。

（四）平行结转分步法的优缺点分析

1. 平行结转分步法的优点

（1）各步骤可以同时计算产品成本，然后将应计入完工产品成本的“份额”平行结转汇总计入产成品成本，不必逐步结转半成品成本，从而可以简化和加速成本计算工作。

（2）一般是按成本项目平行结转汇总各步骤成本中应计入产成品成本的“份额”，因而能够直接提供按原始成本项目反映的产成品成本资料，不必进行成本还原，省去了大量烦琐的计算工作。

2. 平行结转分步法的缺点

（1）不能提供各步骤半成品成本资料及各步骤所耗上一步骤半成品费用资料，因而不能全面地反映各步骤生产耗费的水平，不利于各步骤的成本管理。

（2）由于各步骤间不结转半成品成本，使半成品实物转移与费用结转脱节，因而不能为各步骤在产品的实物管理和资金管理提供资料。

（五）平行结转分步法与逐步结转分步法的区别

平行结转分步法与逐步结转分步法的区别主要有三点：①成本管理的要求不同；②产成品成本的计算方式不同；③在产品的含义不同。

案例讨论与讲解

案例 5-9　分析参考

根据上述资料，用约当产量法计算各生产车间应计入产品成本的份额程序如下。

1. 第一车间成本计算（表 5-8-3）。

表 5-8-3　　一车间成本计算单

产品名称：甲产品　　完工产量：200 件

项目	直接材料	直接人工	制造费用	合计
月初在产品成本	10100	4760	2000	16860
本月发生生产费用	50000	12360	6600	68960
合计	60100	17120	8600	85820
完工产品数量	200	200	200	
在产品约当产量	130	110	110	
约当产量总量	330	310	310	
单位费用分配率	182. 1212	55. 2258	27. 7419	
应计入产成品成本份额	36424. 24	11045. 16	5548. 39	53017. 79
期末在产品成本	23675. 76	6074. 84	3051. 61	32802. 21

① 直接材料成本。

第一车间期末广义在产品约当产量＝50×100%＋40＋40＝130

材料费用分配率＝(10100＋50000)/(200＋130)＝182. 1212

原材料费用应计入产成品成本份额＝200×182. 1212＝36424. 24

期末广义在产品的原材料费用＝10100＋50000－36424. 24＝23675. 76

② 直接人工成本。

第一车间期末广义在产品约当产量＝50×60%＋40＋40＝110

人工费用分配率＝(4760＋12360)/(200＋110)＝55. 2258

直接人工应计入产成品成本份额＝200×55. 2258＝11045. 16

期末广义在产品直接人工费用＝4760＋12360－11045. 16＝6074. 84

③ 制造费用成本。

制造费用分配率＝(2000＋6600)/(200＋110)＝27. 7419

制造费用应计入产成品成本份额＝200×27. 1479＝5548. 39

期末广义在产品制造费用＝2000＋6600－5548. 39＝3051. 61

将上述计算结果列入基本生产成本明细账。

2. 第二车间成本计算（表 5-8-4）。

① 第二车间期末广义在产品约当产量=40×60%+40=64

② 直接人工成本。

人工费用分配率=(2000+9000)/(200+64)= 41. 6667

人工费用应计入产成品成本份额=200×41. 6667=8333. 33

期末广义在产品直接人工费用=2000+9000−8333. 33= 2666. 67

③ 制造费用。

制造费用分配率=(1400+7500)/(200+64)= 33. 7121

制造费用应计入产成品成本份额=200×33. 7121=6742. 42

期末广义在产品制造费用=1400+7500−6742. 42=2157. 58

将上述计算结果列入甲产品成本汇总计算单（表 5-8-6）。

表 5-8-4　　二车间成本计算单

产品名称：甲产品　　完工产量：200 件

项目	直接材料	直接人工	制造费用	合计
月初在产品成本		2000	1400	3400
本月发生生产费用		9000	7500	16500
合计		11000	8900	19900
完工产品数量		200	200	200
在产品约当产量		64	64	
约当产量总量		264	264	
单位费用分配率		41. 6667	33. 7121	75. 3788
应计入产成品成本份额		8333. 33	6742. 42	15075. 76
期末在产品成本		2666. 67	2157. 58	4824. 24

3. 第三车间成本计算（表 5-8-5）。

① 第三车间期末广义在产品约当产量=40×60%=24

② 直接人工成本。

人工费用率=(1200+10000)/(200+24)= 50

直接人工应计入产成品成本份额=200×50=10000

期末在产品直接人工费用：11200−10000=1200

③ 制造费用。

制造费用分配率=(1500+8000)/(200+24)= 42. 4107

制造费用应计入产成品成本份额=200×42. 4107=8482. 14

期末在产品制造费用=1500+8000−8482. 14=1017. 86

表 5-8-5　　三车间成本计算单

产品名称：甲产品　　完工产量：200 件

项目	直接材料	直接人工	制造费用	合计
月初在产品成本		1200	1500	2700
本月发生生产费用		10000	8000	18000
合计		11200	9500	20700
完工产品数量		200	200	
在产品约当产量		24	24	
约当产量总量		224	224	
单位费用分配率		50. 0000	42. 4107	92. 4107
应计入产成品成本份额		10000. 00	8482. 14	18482. 14
期末在产品成本		1200. 00	1017. 86	2217. 86

表 5-8-6　　甲产品成本汇总计算表

产品名称：甲产品　　完工产量：200 件

	直接材料	直接人工	制造费用	合计
一车间	36424. 24	11045. 16	5548. 39	53017. 79
二车间		8333. 33	6742. 42	15075. 76
三车间		10000. 00	8482. 14	18482. 14
合计	36424. 24	29378. 49	20772. 95	86575. 69
单位成本	182. 12	146. 89	103. 86	432. 88

实训

实训 5-8　平行结转分步法实训

娄底甲骨文工厂生产的甲产品经过三个生产车间完成。原材料于生产开始时一次投入，各生产车间的在产品完工程度均为 50%。由于该产品在各步骤的半成品不对外出售，管理上也不需要计算各步骤半成品生产成本，所以，为简化核算，企业采用平行结转分步法计算产品成本。而且采用约当产量比例法计算各步骤应计入产成品成本份额。2020 年 12 月份有关资料见表 5-8-7、表 5-8-8。

表 5-8-7　　产量记录　　单位：件

	一车间	二车间	三车间	产成品
月初在产品数量	50	40	50	
本月投产或上一车间转入数量	230	220	200	
本月完工或转入下一车间数量	220	200	200	200
期末各车间在产品数量	60	60	50	
加工程度	50%	50%	50%	

表 5-8-8　　生产费用表　　单位：元

项　　目		直接材料	直接人工	制造费用	合计
一车间	月初在产品成本	15000	5000	25000	45000
	本月生产费用	60000	13000	7000	80000
二车间	月初在产品成本		3000	1500	4500
	本月生产费用		10000	8000	18000
三车间	月初在产品成本		1500	2000	3500
	本月生产费用		10000	9000	19000

要求：采用平行结转分步法计算产品成本。

任务九　应用分批法

［微课］

应用分批法

案例引入

案例 5-10　分批法核算方法的选择

湖南三江重工机械有限公司是我国建材设备的先进制造企业和成套设备出口制造基地，具有日产 7000~10000 吨水泥厂主机设备成套制造能力，可承接日产 5500 吨以下成套水泥厂交钥匙工程。主机产品大型回转窑、大型磨机和辊压机曾获“中国品牌”，在建材行业享有很高的知名度，市场占有率 65%以上。

企业根据客户的订单组织生产，以生产批号为成本计算对象，采用分批法计算产品成本。

企业设有直接材料、直接人工、制造费用等成本项目，费用按月汇总，产品成本是在一张订单的全部产品完工后才进行计算。如果一张订单有分月陆续完工的情况，则按计划成本转出，待该产品全部完工后，再重新计算完工产品的总成本和单位成本。

提问：该企业为什么采用分批法核算？请运用分批法的特点、适用范围和管理要求来回答。

案例 5-11　分批法的一般应用

湖南美格工厂根据客户的订单组织生产，采用分批法计算产品成本。该厂有两个生产车间，原材料在一车间生产开始时一次投入，2020 年 12 月份的有关资料如下。

（1）各批产品的生产情况见表 5-9-1。

表 5-9-1　　各批产品的生产情况表

产品批号	产品名称	开工日期	批量/台	完工产量/台		本月耗用工时/小时	
				11 月	12 月	一车间	二车间
01	甲产品	11 月份	40	20	20	7000	3500
02	乙产品	12 月份	25		25	2500	4000
03	丙产品	12 月份	25			2000	2500

（2）12 月份的直接人工费用资料见表 5-9-2。

表 5-9-2　　12 月份的直接人工费用表　　单位：元

项　　目	一车间	二车间
01 批甲产品	20000	9000
02 批乙产品	10000	11000
03 批丙产品	7000	8000

（3）其他有关资料见表 5-9-3。

表 5-9-3　　其他有关资料表

产品名称	月份	直接材料	直接人工	制造费用
01 批甲产品	11	22000	40000	13000
02 批乙产品	12	85000		
03 批丙产品	12	25000		
一车间	12			13000
二车间	12			15000

备注：制造费用按生产工时比例分配。

（4）计算完工产品成本的要求。对订单内跨越陆续完工的产品，月末计算完工产品时，按计划成本转出，待全部完工时再重新计算实际成本。

01 号产品 11 月份完工 20 台，按计划成本结转，其中，原材料计划单位成本 640 元，工资计划单位成本 1120 元，制造费用单位计划成本 400 元。

要求：使用分批法计算各批次完工产品成本。

案例 5-12　分批法简化应用

湖南美格工厂属于小批生产类型企业，产品种类和批次都比较多，生产周期较长，每月末经常有大量未完工的产品批数。为了简化成本计算，按累计费用分配率分配间接计入费用，即采用简化的分批法计算成本。

湖南美格工厂 2020 年 4 月份各批产品生产成本的有关资料如下。

（1）本月的生产情况，发生的工时和直接材料如表 5-9-4 所示。

表 5-9-4　　本月的生产情况表

产品名称	批号	批量（件）	投产日期	完工日期	本月发生工时	本月发生直接材料	本月发生直接人工	本月发生制造费用
A	201	30	2 月	4 月	550	800		
B	301	20	3 月	4 月	900	900		
C	302	10	3 月	6 月	1800	900		
合计					3250	2600	3000	4300

（2）月初在产品成本资料如表 5-9-5 所示。

表 5-9-5　　　　　　　　　　　　　　月初在产品成本资料

产品名称	批号	月份	直接材料	直接人工	制造费用	累计耗用工时
A	201	4	8500			2000
B	301	4	5000			650
C	302	4	3500			3010
月初间接费用	4			4200	5300	

要求：各项间接费用按工时分配，用简化分批法计算完工产品成本。

关键知识点

［微课］
分批法概述

（一）分批法的概念

分批法是指以产品批号或订单作为成本计算对象，归集生产费用，计算产品成本的一种方法。

成本计算对象：批次、订单（一个订单可以为一批或多批，多个订单也可以为一批）。

（二）分批法的适用范围

（1）小批、单件生产——按订单生产，分批法又称订单法。

（2）按产品批号组织生产的企业，如根据购买者订单生产的企业、经常需要变换产品种类的小型企业等。

（3）提供机器设备修理等劳务的企业或生产单位。

（4）从事新产品试制、自制设备、自制工具、自制模具等生产任务的生产单位。

（三）分批法的特点

（1）以产品批号作为成本核算对象。订单与批号的关系：①一份订单一个批号；②一份订单几个批号；③几份订单一个批号。

（2）成本计算期与生产周期一致。

（3）一般不需要在完工产品和在产品之间分配生产费用。

（四）简化分批法概述

1. 简化分批法的概念

简化分批法是指通过对间接费用采用累计分配率进行分配，以减少成本计算工作量的分批法。企业每月发生的人工费用和制造费用等间接费用，不再按月在各批产品之间进行分配，而是将这些间接费用累计起来，等某批产品完工时，根据完工产品工时占累计总工时的比例，确认完工产品应负担的间接费用，据此计算完工批次的产品成本。所以，这种方法也被称为“累计间接费用分配法”。由于简化的分批法在月末未完工产品的批别之间不再分配间接费用，因此，也被称为“不分批计算在产品成本的分批法”。

2. 简化分批法的特点

（1）必须设置生产成本二级账。采用简化的分批法，仍应按照产品批别设置产品的基本生产成本明细账。同时，必须按车间设置基本生产成本二级账。基本生产成本明细账平时只登记直接记入的该批产品原材料费用和生产工时，基本生产成本二级账则是归集车间投产的所有批次产品的各项费用和累计的全部生产工时。只有在有完工产品的那个月份，才将基本生产成本二级账中累计起来的费用，按照本月完工产品工时占全部累计工时的比例，向本月完工产品分配；未完工产品的间接计入费用，保留在基本生产成本二级账中。本月完工产品从基本生产成本二级账分配转入的间接计入费用，加上基本生产成本明细账原登记的直接计入费用，即本月完工产品总成本。

（2）不分批次计算月末在产品成本。将本月完工产品应负担的间接计入费用转入各完工产品基本生产成本明细账后，基本生产成本二级账反映全部批次月末在产品的成本。各批次未完工产品的基本生产成本明细账只反映累计直接计入费用和累计工时，不反映各批次月末在产品成本。月末，基本生产成本二级账与产品基本生产成本明细账只能核对直接计入费用，不能核对全部余额。

（3）通过计算累计费用分配率来分配间接计入费用。简化的分批法将间接计入费用在各批次产品之间的分配和在本月完工产品与月末在产品（全部批次）之间的分配一次完成，大大简化了成本计算工作。间接计入费用的分配，是利用计算出的累计间接计入费用分配率进行的。其计算公式如下：

全部产品某项累计间接费用分配率＝(期初结存该项全部产品间接费用+本月发生该项全部产品间接费用)÷(期初结存全部在产品累计工时+本月发生全部工时数)

某项完工产品应负担某项间接计入费用＝该批完工产品累计生产工时×全部产品该项累计间接费用分配率

3. 简化分批法的计算程序

（1）按产品批别设立基本生产成本明细账和基本生产成本二级账。

（2）登记各批别产品发生的生产费用和生产工时。对各批别产品发生的直接费用和生产工时，平行计入各批别产品的基本生产成本明细账和基本生产成本二级账。对各批别产品共同发生的间接费用，在发生时应根据费用分配表记入基本生产成本二级账，不必分配记入各批产品的基本生产成本明细账。

（3）计算完工产品成本。某批产品当月完工，要根据基本生产成本二级账中的累计间接费用和累计总工时，计算各项累计间接费用分配率，并据以计算该批完工产品应负担的间接费用。该批产品的直接费用加上分配的间接费用，即该批完工产品的总成本。

简化分批法的计算程序见图 5-9-1。

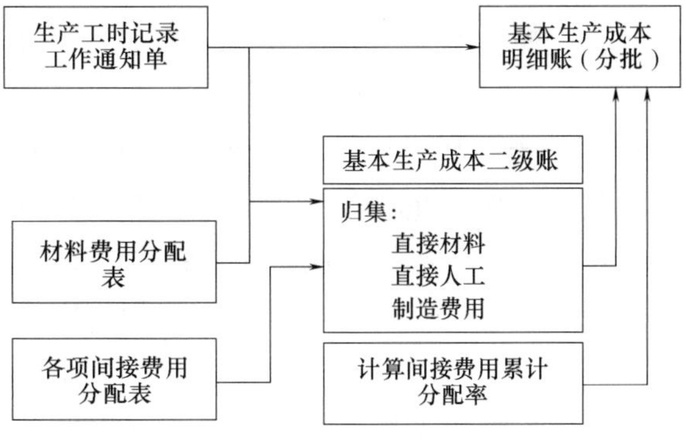

图 5-9-1　简化分批法的计算程序

案例讨论与讲解

案例 5-10　分析参考

企业采用分批法进行成本核算要考虑以下因素，即分批的特点、适用范围和管理要求。

分批法是以批次为成本核算对象，成本核算期为产品生产周期，主要适用于以按订单生产的企业或单件小批生产的企业。

湖南三江重工机械有限公司根据客户的订单组织生产，以生产批号为成本计算对象。企业设有直接材料、直接人工、制造费用等成本项目，费用按月汇总，产品成本是在一张订单的全部产品完工后才进行计算。如果一张订单有分月陆续完工的情况，则按计划成本转出，待该产品全部完工后，再重新计算完工产品的总成本和单位成本。

因此，湖南三江重工机械有限公司以产品批别作为成本计算对象，采用分批法核算产品成本。

案例 5-11　分析参考

第一步，湖南美格工厂以产品的批别作为成本核算对象。

设置 01 批次、02 批次、03 批次三个产品生产成本明细账（产品成本计算单）；该厂成本项目有三个，分别为直接材料、直接人工和制造费用。

第二步，生产费用在各成本核算对象之间的分配。

（1）湖南美格工厂本月发生的直接材料费用、直接人工费用都可以按照产品的批次加以区分，不需要在各成本核算对象之间进行分配，分别直接计入各批次基本生产成本明细账（产品成本计算单）。

（2）制造费用分配情况见表 5-9-6。

表 5-9-6　　制造费用分配表

日期：2020 年 12 月　　金额单位：元

批次	一车间			二车间		
	工时	分配率	金额	工时	分配率	金额
01 批	7000		7913	3500		5250
02 批	2500		2826	4000		6000
03 批	2000		2261	2500		3750
合计	11500	1. 13	13000	10000	1. 5	15000

分配制造费用的分录：

借：基本生产成本——01 批（制造费用）　7913+5250

——02 批（制造费用）　2826+6000

——03 批（制造费用）　2261+3750

贷：制造费用——一车间　13000

——二车间　15000

（3）01 批产品成本计算单见表 5-9-7。

12 月份 01 批完工 20 台，结转分录：

借：库存商品——甲产品　22000+69000+26163＝117163

贷：基本生产成本——01 批（直接材料、直接人工、制造费用）　117163

（4）02 批产品成本计算见表 5-9-8。

表 5-9-7　　基本生产成本明细账

日期：2020 年 12 月　　金额单位：元

批号：01　产品：甲　开工：11 月　完工：12 月　产量：20 台

摘　要	直接材料	直接人工	制造费用	合计
11 月合计数	22000	40000	13000	75000
11 月完工 15 台,已按计划成本结转	-12800	-22400	-8000	-43200
11 月末 01 批在产品成本/12 月 01 批的期初数	9200	17600	5000.00	31800
12 月一车间		20000	7913	27913
12 月二车间		9000	5250	14250
12 月 01 批产品成本合计	9200	46600	18163	73963
12 月完工转出	-9200	-46600	-18163	-73963
01 批 30 台累计生产费用合计	22000	69000	26163	117163
01 批产品单位成本	550	1725	654.08	2929.08
结转 01 批产品成本	-22000	-69000	-26163	-117163

表 5-9-8　　基本生产成本明细账

日期：2020 年 12 月　　金额单位：元

批号：02　产品：乙　开工：11 月　完工：12 月　产量：25 台

摘要	直接材料	直接人工	制造费用	合计
领用材料	85000			85000
一车间耗用人工		10000		10000
二车间耗用人工		11000		11000
一车间制造费用分配			2826	2826
二车间制造费用分配			6000	6000
02 批生产费用合计	85000	21000	8826	114826
单位产品成本	3400	840	353.04	4593.04
产品完工入库,结转	-85000	-21000	-8826.09	-114826

12 月份 02 批完工 20 台，结转分录：

借：库存商品——乙产品　　114826

　　贷：基本生产成本——02 批（直接材料、直接人工、制造费用）　　114826

（5）03 批产品成本计算单见表 5-9-9。

表 5-9-9　　基本生产成本明细账

日期：2020 年 12 月　　金额单位：元

批号：03　产品：丙　开工：11 月　完工：　产量：25 台

摘要	直接材料	直接人工	制造费用	合计
一车间领取材料	25000			25000
一车间产生的人工费		7000		7000
二车间产生的人工费		8000		8000
一车间分配的制造费用			2260.87	2260.87
二车间分配的制造费用			3750	3750
生产费用合计	25000	15000	6010.87	46010.87

案例 5-12　分析参考

（1）成本计算的程序。根据上述资料，登记基本生产成本二级账和各批产品成本明细账，计算和登记累计间接计入费用分配率，并计算各批完工产品成本。具体计算结果见表 5-9-10 至表 5-9-13。

表 5-9-10　　　　基本生产成本二级账

车间：基本生产车间　　　　金额单位：元

月份	摘要	生产工时	直接材料	直接人工	制造费用	合计
4	期初在产品成本	3670	17000	4200	5300	26500
4	本月发生	3250	2600	3000	4300	9900
4	累计发生额	6920	19600	7200	9600	36400
4	累计间接费用的分配率			1. 0405	1. 3873	
4	生产成本转出	-4100	-13900	-4265. 90	-5687. 86	-23853. 76
4	在产品	2820	5700	2934. 10	3912. 14	12546. 24

表 5-9-11　　　　基本生产成本明细账

批号：201　产品：A　产量：30 件　状态：完工　　　　金额单位：元

投产日期：2 月

月份	摘要	生产工时	直接材料	直接人工	制造费用	合计
4	月初在产品成本	2000	8500			8500
4	本月发生	550	800			800
4	本月累计	2550	8000	2653. 18	3537. 57	14190. 75
4	本月完工产品转出	-2550	-8000	-2653. 18	-3537. 57	-14190. 75
4	单位成本		266. 6667	88. 4393	117. 9191	473. 0250

表 5-9-12　　　　基本生产成本明细账

批号：301　产品：B　产量：20 件　状态：完工　　　　金额单位：元

投产日期：3 月

月份	摘要	生产工时	直接材料	直接人工	制造费用	合计
4	月初在产品成本	650	5000			4400
4	本月发生	900	900			600
4	本月累计	1550	5900	1612. 72	2150. 29	8360
4	本月完工转出	-1550	-5900	-1612. 72	-2150. 29	-8360
4	单位成本		295	80. 6358	107. 5145	386

（2）分录处理

① 分配结转直接人工。

借：基本生产成本——201（直接人工）　　2653. 18

　　　　　　　——301（直接人工）　　1612. 72

　贷：基本生产成本——基本生产车间（直接人工）　　4265. 90

表 5-9-13 基本生产成本明细账

批号：302 产品：C 产量：10 件 状态：未完工 金额单位：元

投产日期：3 月

月份	摘要	生产工时	直接材料	直接人工	制造费用	合计
4	月初在产品成本	3010	3500			3500
4	本月发生	1800	900			900
4	本月累计	2820	4400			4400
4	月末在产品成本	2820	4400			4400

② 分配制造费用。

借：基本生产成本——201（制造费用） 3537.57

——301（制造费用） 2150.29

贷：基本生产成本——基本生产车间（制造费用） 5687.86

③ 完工产品结转。

借：库存商品——A 14190.75

——B 8360

贷：基本生产成本——201（直接材料、直接人工、制造费用） 14190.75

——301（直接材料、直接人工、制造费用） 8360

（3）登账。

实训

实训 5-9 分批法的一般应用实训

湖南美格工厂根据客户的订单组织生产，采用分批法计算产品成本。该厂有两个生产车间，原材料在一车间生产开始时一次投入，2020 年 11 月份的有关资料如下。

（1）各批产品的生产情况见表 5-9-14。

表 5-9-14 各批产品的生产情况表

产品批号	产品名称	开工月份	批量/台	完工产量/台		本月耗用工时/小时	
				10 月	11 月	一车间	二车间
101	甲产品	10	50	25	25	8000	4000
111	乙产品	11	30		30	3000	4500
112	丙产品	11	30			2500	3000

（2）11 月份的直接人工费用资料见表 5-9-15。

表 5-9-15 11 月份的直接人工费用表 单位：元

项 目	一车间	二车间
101 批甲产品	25000	10000
111 批乙产品	15000	11000
112 批丙产品	75000	9000

(3) 其他有关资料见表 5-9-16。

表 5-9-16　　其他有关资料表

产品名称	月份	直接材料	直接人工	制造费用
101 批甲产品	10	25000	45000	15000
111 批乙产品	11	90000		
112 批丙产品	11	30000		
一车间	11			15000
二车间	11			17000

备注：制造费用按生产工时比例分配。

(4) 计算完工产品成本的要求：对订单内跨越陆续完工的产品，月末计算完工产品时，按计划成本转出，待全部完工时再重新计算实际成本。

101 批产品 10 月份完工 25 台，按计划成本结转，其中，原材料计划单位成本 660 元，工资计划单位成本 1240 元，制造费用计划单位成本 500 元。

要求：使用分批法计算各批次完工产品成本。

实训 5-10　分批法的简化应用实训

湖南美格工厂属于小批生产类型企业，产品种类和批次都比较多，生产周期较长，每月末经常有大量未完工的产品批数。为了简化成本计算，按累计费用分配率分配间接计入费用，即采用简化的分批法计算成本。

湖南美格工厂 2020 年 6 月份各批产品生产成本的有关资料如下：

(1) 本月的生产情况，发生的工时和直接材料如表 5-9-17 所示。

表 5-9-17　　本月的生产情况表

产品名称	批号	批量(件)	投产日期	完工日期	本月发生工时	本月发生直接材料	本月发生直接人工	本月发生制造费用
E	401	30	4 月	6 月	600	900		
F	501	20	5 月	6 月	950	1000		
G	502	10	5 月	7 月	1900	1000		
合计					3450	2900	4000	4800

(2) 月初在产品成本资料如表 5-9-18 所示。

表 5-9-18　　月初在产品成本资料

产品名称	批号	月份	直接材料	直接人工	制造费用	累计耗用工时
E	401	6	9000			2200
F	501	6	6000			700
G	502	6	4500			1100
月初间接费用	6				5200	6300

要求：各项间接费用按工时分配，用简化分批法计算完工产品成本。

项目综合实训

（一）品种法选择与账户设置

双娄服装加工厂常年加工施工企业 A、B、C、D 四种工作服，通过市场销往全国各地。加工过程为：下料裁剪车间→缝纫车间→熨烫整理车间，之后产成品入库；双娄服装加工厂设有一个机修辅助车间。双娄服装加工厂为大批量多步骤生产的企业，成本管理不需要计算各步骤半成品成本。

要求：确定成本计算对象、成本核算方法，设置成本核算明细账并设计成本核算程序。

（二）多品种法实训

1. 企业概况

娄底力霸机械制造有限公司设有一个基本生产车间和供电、机修两个辅助生产车间，大量生产 AA 电机、DD 电机两种产品，根据生产特点和管理要求，AA 电机、DD 电机两种产品采用品种法计算产品成本。

2. 成本项目的设置

该企业“生产成本”总账下设有“基本生产成本”和“辅助生产成本”两个二级账，“基本生产成本”二级账分别设置 AA 电机、DD 电机产品成本计算单，“辅助生产成本”二级账分设供电车间和机修车间明细账。“制造费用”核算基本生产车间发生的间接费用，本例题中供电和机修车间由于提供产品或服务单一，发生的间接费用直接记入“辅助生产成本”所属明细账。成本计算单下设“直接材料”“直接人工”和“制造费用”三个成本项目。

3. 2020 年 12 月份有关成本计算资料

（1）月初在产品成本。AA 电机、DD 电机两种产品的月初在产品成本已分别记入各产品成本计算单。

（2）本月生产数量。AA 电机产品本月完工 500 台，月末在产品 100 台，实际生产工时 100000 小时；DD 电机产品本月完工 200 台，月末在产品 40 台，实际生产工时 50000 小时。AA 电机、DD 电机两种产品的原材料都在生产开始时一次投入，加工费用发生比较均衡，月末在产品完工程度均为 50%。

（3）本月发生的生产费用。

① 本月发出的材料汇总情况见下表。

发出材料汇总表

日期：2020 年 12 月　　　　单位：元

领料部门和用途	材料类别			合　计
	原材料	包装物	低值易耗品	
基本生产车间				
AA 电机产品耗用	800000	10000		810000
DD 电机产品耗用	600000	4000		604000

续表

领料部门和用途	材料类别			合　计
	原材料	包装物	低值易耗品	
AA 电机、DD 电机产品共同耗用	28000			28000
车间一般耗用	2000		100	2100
供电车间耗用	1000			1000
机修车间耗用	1200			1200
厂部管理部门耗用	1200		400	1600
合　　计	1433400	14000	500	1447900

生产 AA 电机、DD 电机两种产品共同耗用的材料按 AA 电机、DD 电机两种产品直接耗用原材料的比例分配。

② 本月职工工资结算汇总情况及福利费用计算情况（简化格式）见下表。

职工工资及福利费汇总表

日期：2020 年 12 月　　　　单位：元

人员类别	应付工资总额	应计提福利费	合计
基本生产车间			
产品生产工人	420000	58800	478800
车间管理人员	20000	2800	22800
供电车间	8000	1120	9120
机修车间	7000	980	7980
厂部管理人员	40000	5600	45600
合计	495000	69300	564300

③ 本月以现金支付的费用为 2500 元，其中基本生产车间办公费 250 元，市内交通费 65 元；供电车间市内交通费 145 元；机修车间外部加工费 480 元；厂部管理部门办公费 1360 元，材料市内运输费 200 元。

④ 本月以银行存款支付的费用为 14700 元，其中基本生产车间办公费 1000 元，水费 2000 元，差旅费 1400 元，设计制图费 2600 元；供电车间水费 500 元，外部修理费 1800 元；机修车间办公费 400 元；厂部管理部门办公费 3000 元，水费 1200 元，招待费 200 元，市话费 600 元。

⑤ 本月应计提固定资产折旧费 22000 元，其中基本生产车间 10000 元，供电车间 2000 元，机修车间 4000 元，厂部 6000 元。

⑥ 根据“待摊费用”账户记录，本月应分摊财产保险费 3195 元，其中供电车间 800 元，机修车间 600 元，基本生产车间 1195 元，厂部管理部门 600 元。

项目六 应用成本核算的辅助方法

知识目标

具有定额法概念、特点、计算公式、适用范围的知识；具有分类法概念、特点、成本计算程序、类内各种产品成本的分配方法、联产品和副产成本计算、等级产品成本计算的知识；具有作业成本法的概念、特点、成本计算程序的知识。

技能目标

能运用分类法、定额法、作业成本法，完成各种实训任务。

思政目标

培养和提高学生在特定业务情境中分析问题与决策设计的能力，培养会计职业所要求的细致、认真的品质。

任务一 应用定额法

案例引入

案例 6-1 定额法的应用

华建工厂本月生产甲产品 750 件，单位产品 2×3 板材消耗定额 10 平方，每平方计划单位成本 5 元，超额领料单本月登记数量为 150 平方。

要求：计算甲产品的 2×3 板材定额差异。

案例 6-2 定额法应用之材料费用切割法

惠明玻璃厂发出材料 1000 千克，切割成零件毛坯 300 个，每个零件消耗定额为 4 千克，每千克材料计划单价为 4 元。

要求：计算材料脱离定额差异。

案例 6-3 定额法应用之材料费用盘存法

明镜工厂生产的甲产品原材料在生产开始时一次投入，单位产品 4 号材料消耗定额为 25 千克，4 号材料计划单位成本为 8 元。甲产品期初在产品为 50 件，本期完工入库产品为 1000 件，期末实地盘点确定的在产品为 40 件。根据“限额领料单”的记录，本期甲产品领用 4 号材料 22000 千克；根据车间材料盘存资料，4 号材料车间期初余料为 80 千克，期末余料为 100 千克。

要求：计算 4 号材料脱离定额的差异并编制脱离定额差异汇总表。

案例 6-4　直接人工脱离定额差异的计算

明镜工厂生产甲、乙两种产品，计划工资总额为 55000 元，计划产量为：甲产品 600 件，单位工时定额为 20 小时，乙产品 200 件，单位工时定额为 50 小时，本月实际工资总额为 54800 元，实际产量为：甲产品 600 件，实际生产工时为 13500 小时，乙产品 190 件，实际生产工时为 7680 小时。

要求：计算甲、乙两种产品的直接人工脱离定额差异。

案例 6-5　定额法的综合应用

惠明加工厂实行定额法计算产品成本，计算 B 产品的有关资料如下。

（1）产量记录与成本差异率等资料见表 6-1-1。

表 6-1-1　　产量记录与成本差异率等资料

产品名称	月初在产品	本月投产	本月完工产品	月末在产品	材料成本差异率	在产品完工程度
B 产品	25	85	90	20	−1%	50%

（2）月初在产品及定额成本资料见表 6-1-2。单位消耗定额中，材料单位为千克，人工与制造费用单位为小时。

表 6-1-2　　月初在产品及定额成本资料

成本项目	计划单价	单位产品消耗定额		单位定额成本		单位成本定额变动差异		月初在产品	
		本月	上月	本月	上月	数量	金额	定额成本	定额差异
直接材料	6	130(千克)	140(千克)	650	600	−6	−36	19500	400
直接人工	3	110(小时)	110(小时)	250	250			4125	100
制造费用	2	110(小时)	100(小时)	150	150			2750	80
合计		350	350	1050	1000	−6	−36	26375	580

（3）本期脱离定额差异资料见表 6-1-3。

表 6-1-3　　本期脱离定额差异资料

	直接材料	直接人工	制造费用
脱离定额差异(元)	−1000	200	−70

（4）其他资料。

原材料于生产开始时一次投入；在产品完工率为 50%；直接材料成本差异率为−1%，全部由完工产品负担；定额变动差异全部由完工产品负担。

要求：计算完工产品成本。

关键知识点

（一）定额法的概念

定额法，是为了反映企业产品实际成本脱离定额成本的差异，配合企业加强生产费用和产品成本的定额管理和进行成本控制所采用的一种成本计算方法。

(二) 定额法的特点

定额法的特点：以定额成本为基础，加减脱离定额差异以及定额变动差异计算产品成本。

(三) 定额法的适用范围

定额法是为了加强成本管理，进行成本控制而采用的一种成本计算与成本管理相结合的方法，与企业生产类型没有直接联系。定额法主要适用于定额管理制度比较健全，定额管理基础工作比较好，产品生产已经定型，各项消耗定额比较准确、稳定的企业。

(四) 定额法的计算公式

1. 实际成本计算公式

实际成本=定额成本+脱离定额差异+材料成本差异+定额成本变动差异

脱离定额成本差异=实际耗用-定额耗用

材料成本差异=实际材料成本-计划材料成本

定额成本变动差异=本期定额成本-上期定额成本

2. 定额成本计算公式

定额成本：以消耗定额为基础计算的产品成本，按成本项目计算。

直接材料定额成本=产品耗料定额×材料计划单价

直接人工定额成本=产品工时定额×计划小时工资率

制造费用定额成本=产品工时定额×计划小时费用率

定额成本=直接材料定额成本+直接人工定额成本+制造费用定额成本

3. 脱离定额差异计算公式

脱离定额差异：费用脱离定额或预算的差异，按成本项目计算。

(1) 直接材料脱离定额差异的计算有以下三种方法：

(直接材料脱离定额差异=实际耗用额-定额耗用额)

① 限额领料法。如限额领料单、超额领料单/代用材料领料单。超额领料单中超额为定额差异，方法应用如案例6-1所示。

② 切割法。如材料切割核算单。方法应用如案例6-2所示。

③ 盘存法。方法应用如案例6-3所示。

材料消耗定额消耗量=投产量×消耗定额

材料实际消耗量=各领料单之和+车间盘存料

材料脱离定额差异=(本期材料实际消耗量-本期投产量×单位材料消耗定额)×计划单价

(2) 直接人工费用脱离定额差异的计算。直接人工费用定额差异的计算因工资计算方法不同而不同，方法应用如案例6-4所示。

① 计件工资制下。

直接人工定额费用=计件数量×计件单价

计件单价=单位工时人工费/每工时产量定额

② 计时工资制下。

脱离定额差异＝实际工资－定额工资

实际工资＝实际产量实际生产工时×实际单位工时工资

实际单位工时＝实际工资总额/实际工时总数

定额工资＝实际产量定额生产工时×计划单位工时工资

4. 制造费用脱离定额差异的计算

制造费用属于间接费用，即发生时先按发生地点进行归集，月末才能直接或分配计入产品成本。所以，在日常核算中，不能按照产品直接核算费用脱离定额的差异，只能根据费用计划、费用项目核算费用脱离计划的差异，据此控制和监督费用的发生。各种产品应负担的定额制造费用和费用脱离定额的差异，在月末时可比照上述计时工资的计算方法确定。

5. 材料成本的差异

按定额成本计算产品成本的企业，应按计划成本计价组织日常材料核算。

材料成本差异＝(定额成本＋材料脱离定额差异)×材料成本差异率

材料成本差异＝实际成本－计划成本＝实际成本×差异率

材料实际成本＝定额成本＋材料脱离定额差异

6. 定额变动差异的计算

定额变动差异是指修订消耗定额而产生的差异。采用定额法计算产品成本，一般在月初计算定额变动差异。

定额变动差异＝月初调整后的定额成本（本期)－月初原定额计算的定额成本（上期)

7. 差异处理

在完工产品和月末在产品之间按定额成本比例分配，如差异不大或差异较大，但各月在产品数量较均衡，则月末在产品可不负担材料成本差异。

案例讨论与讲解

案例6-1　分析参考

甲产品的材料定额成本＝750×10×5＝37500

甲产品的材料脱离定额差异＝150×5＝750

案例6-2　分析参考

材料定额耗用量＝300×4×4＝4800

材料实际耗用量＝100×4＝4000

材料脱离定额差异＝400－4800＝－800

案例6-3　分析参考

4 号材料的脱离定额差异：

实际耗用量＝80＋22000－100＝21980

定额耗用量＝(1000＋40－50)×25＝22500

脱离定额差异＝(21980－22500)×8＝－4160

材料脱离定额差异汇总情况见表 6-1-4。

表 6-1-4　　材料脱离定额差异汇总表

材料种类	单位	计划单价	定额费用		按计划价格计算的实际费用		脱离定额差异		差异原因
			数量	金额	数量	金额	数量	金额	
4 号材料	千克	8	22500	180000	21980	175840	-520	-4160	略
5 号材料	千克	6	19800	118800	19010	114060	-790	-4740	略
				298800	40990	289900	-1310	-8900	

案例 6-4　分析参考

第一种算法：

定额工时 = 600×20+200×50 = 12000+10000 = 22000

计划工时工资 = 55000/22000 = 2. 5

甲计划定额工资 = 600×20×2. 5 = 30000

乙计划定额工资 = 190×50×2. 5 = 23750

定额工资总额 = 30000+23750 = 53750

实际工资总额 = 54800

脱离定额差异 = 54800−53750 = 1050

第二种算法：

实际工时 = (13500+7680) = 20880

实际工资 = 54800

实际小时工资率 = 54800/20880 = 2. 3

定额工时 = 600×20+200×50 = 12000+10000 = 22000

定额工资小时工资率 = 55000/22000 = 2. 5

定额工资 = (600×20+190×50)×2. 5 = 53750

脱离定额工资差异 = 54800−53750 = 1050

案例 6-5　分析参考

已知：该工厂产量、定额资料、月初、投料方式、材料成本差异率、脱离定额差异、定额变动差异由完工产品承担。

要求：计算完工产品成本。

从已知资料可以看出，要采用定额法计算完工产品成本。

计算公式：实际总成本 = 定额成本+脱离定额差异+材料差异+定额变动差异

计算步骤：

① 开设生产成本明细账。

② 计算，计算结果见表 6-1-5、表 6-1-6。

表中计算说明：

单耗变动系数 = 本月单位定额成本/上月单位定额成本

直接材料单耗变动系数 = 600/650 = 0. 92

本月定额成本 = 上月定额成本×单耗变动系数

上月材料费用定额成本＝19500×0.92＝17940

定额差异＝上月定额成本－本月定额成本

材料定额差异＝19500－17940＝1560

表 6-1-5　　　　单位变动系数计算

成本项目	单位定额成本		月初在产品				单耗变动系数
			定额成本		定额差异		
	上月	本月	上月	本月	上月	本月	
直接材料	650	600	19500	17940	400	1560	0.92
直接人工	250	250	4125	4125	100		1
制造费用	150	150	2750	2750	80		1
合计	1050	1000	26375		580		2.92

表 6-1-6　　　　生产成本明细账

产品：B　　　　日期：2020 年 12 月　　　　完工：90 件

成本项目	月初在产品		月初在产品定额成本		本月生产费用		
	定额成本	脱离定额差异	定额成本调整	定额变动差异	定额成本	脱离定额差异	材料成本差异
	(1)	(2)	(3)	(4)	(5)	(6)	(7)
直接材料	19500	400	-1560	1560	51000	-1000	-500
直接人工	4125	100	0		21250	200	
制造费用	2750	80	0		12750	-70	
合计	26375	580	-1560	1560	85000	-870	-500

成本项目	生产费用合计				脱离定额差异分配率	产品成本	
	定额成本	脱离定额差异	材料成本差异	定额变动差异		定额成本	脱离定额差异
	(8)	(9)	(10)	(11)	(12)	(13)	(14)
直接材料	68940	-600	-500	1560	-0.87%	54000	-470
直接人工	25375	300			1.18%	22500	266
制造费用	15500	10			0.06%	13500	8
合计	109815	-290	-500	1560		90000	-196

成本项目	产成品成本			月末在产品成本	
	材料成本差异	定额变动差异	实际成本	定额成本	脱离定额差异
	(15)	(16)	(17)	(18)	(19)
直接材料	-500	1560	54590	14940	-130
直接人工			22766	2875	35
制造费用			13508	2000	2
合计			90864	19815	-94

表 6-1-6 中数据计算说明：

（1）（2）栏：数据从表 6-1-2 中“月初在产品”栏取得。

（3）栏：定额成本调整＝月初定额成本×（单位变动系数－1）＝19500×（0.92－1）＝－1560。

（4）栏：月初在产品定额成本差异＝月初定额成本×（1－单位变动系数）＝19500×（1－0.92）＝1560。

（5）栏：本月定额成本＝单位定额成本×本期投产量，如：本月材料定额成本＝本月材料单位定额成本×本期投产量＝600×85＝51000。

（6）栏：本月脱离定额差异的数据，来自表 6-1-3。

（7）栏：本月成本差异＝（本月定额成本＋本月脱离定额成本）×成本差异率，如：本月材料成本差异＝（51000－1000）×（－1%）＝－500。

（8）栏：本月定额成本合计＝月初定额成本＋月初定额成本调整＋本月定额成本合计，如：本月材料定额成本合计＝19500－1560＋51000＝68940。

（9）栏：脱离定额差异合计＝月初脱离定额差异合计＋本月脱离定额差异合计，如：本月材料脱离定额差异合计＝400－1000＝－600。

（12）栏：脱离定额差异分配率＝脱离定额差异/定额成本，如：本月材料脱离定额差异分配率＝－600/68940＝－0.87%。

（13）栏：定额成本＝完工产品数量×单位定额成本，如：完工产品材料定额成本＝90×600＝54000。

（14）栏：脱离定额差异＝定额成本×脱离定额差异分配率，如：材料脱离定额差异＝54000×（－0.87%）＝－470。

（17）栏：实际成本＝定额成本＋脱离定额差异＋成本差异＋定额变动差异，如：完工产品实际材料成本＝54000－470－500＋1560＝54940。

（18）栏：月末在产品定额成本＝本月定额成本合计数－完工产品定额成本，如：月末在产品直接材料定额成本＝68940－54000＝14940。

（19）栏：月末在产品脱离定额差异＝本月脱离定额差异合计数－完工产品脱离定额差异，如：月末在产品直接材料脱离定额差异＝－600－（－470）＝－130。

实训

实训 6-1　定额法的综合应用

惠惠加工厂实行定额法计算产品成本，计算 C 产品有关资料如下：

（1）产量记录与成本差异率等资料见表 6-1-7。

表 6-1-7　　产量记录与成本差异率等资料

产品名称	月初在产品	本月投产	本月完工产品	月末在产品	材料成本差异率	在产品完工程度
C 产品	30	90	105	25	－1%	50%

（2）月初在产品及定额成本资料见表 6-1-8。单位消耗定额中，材料单位为千克，人工与制造费用单位为小时。

（3）本期脱离定额差异资料见表 6-1-9。

表 6-1-8　　　　月初在产品及定额成本资料

成本项目	计划单价	单位产品消耗定额		单位定额成本		单位成本定额变动差异		月初在产品	
		本月	上月	本月	上月	数量	金额	定额成本	定额差异
直接材料	5	150(千克)	160(千克)	630	600	-6	-30	22500	400
直接人工	4	120(小时)	110(小时)	260	250			7200	100
制造费用	3	130(小时)	120(小时)	140	150			5850	80
合计				1030	1000	-6	-30	35550	580

表 6-1-9　　　　本期脱离定额差异资料

	直接材料	直接人工	制造费用
脱离定额差异(元)	-1200	250	-80

（4）其他资料。原材料于生产开始时一次投入；在产品完工率为 50%；直接材料成本差异率为-1%，全部由完工产品负担；定额变动差异全部由完工产品负担。

要求：计算完工产品成本。

任务二　应用分类法

案例引入

案例 6-6　分类法的选择应用

宏兴工厂生产 A、B、C、D、E、F 六种产品，根据产品的生产工艺流程及产品性质可将六种规格的产品分为两大类，A、B、C 为甲类，该类产品原材料生产开始时一次投入，月末没有在产品。2020 年 6 月份有关资料如表 6-2-1 所示，甲类产品直接材料费用本月为 613800 元。该企业新来的大学生郝立认为应该采用定额比例法分配类内产品成本，而老会计王琳认为只有采用系数分配法才准确。

表 6-2-1　　　　宏兴工厂生产资料表

产品	产量	单位产品材料定额(元)	材料定额总成本(元)	单位产品工时定额(时)	定额总工时(时)
A	3200	55	176000	3	9600
B	4000	72	288000	4	16000
C	1800	100	180000	5	9000
合计	9000		644000		34600

要求：分析谁说的正确并说明理由。

案例 6-7　分类法的选择应用

宏兴工厂大量生产甲、乙、丙三种产品，这三种产品结构相似，使用原材料相同，生产工艺过程相同，只是规格不同。为简化成本计算，将三种产品归为一类——A 类，采用分类法计算产品成本。甲类产品的月末在产品成本按定额成本计算，该类产品 2020 年

12 月月初在产品成本、本月生产耗费及月末在产品成本资料如表 6-2-2 所示。

表 6-2-2　　月初在产品成本、本月生产耗费及月末在产品成本　　金额单位：元

项　　目	直接材料	直接人工	制造费用	合计
月初在产品成本	5000	2200	1800	9000
本月生产耗费	24000	14000	12000	50000
月末在产品成本	3500	1700	1400	6600

该类各种产品的耗费分配标准：直接材料按各种产品的原材料费用系数分配，原材料费用系数按原材料消耗定额确定，选定乙产品作为标准产品；直接人工、制造费用等加工费用按定额工时比例分配。

A 类各种产品产量、原材料消耗定额和工时定额资料如表 6-2-3 所示。

表 6-2-3　　A 类各种产品产量、原材料消耗定额和工时定额资料

产品名称	产量/件	原材料消耗定额/千克	工时定额/小时
甲产品	650	15	42
乙产品	1100	20	36
丙产品	850	25	44

要求：采用分类法计算各产品的成本。

案例 6-8　联产品成本计算

惠明木材加工厂用同一种原料同时生产出甲、乙两种联产品。2020 年 12 月份生产资料如表 6-2-4 所示，全部产品均已出售。

表 6-2-4　　生产资料表

产品名称	完工数量	本月发生			售价	售价系数
		直接材料	直接人工	制造费用		
甲	5000				600	1
乙	3000				720	1. 2
合计	8000	60000	32000	38400		

要求：用系数分配法、实物量分配法、相对销售收入分配法三种方法计算各产品成本并分析差异及原因。

案例 6-9　副产品成本计算

惠明木材加工厂生产甲产品的同时，附带生产乙、丙、丁三种副产品。乙副产品按产品售价扣除销售税费等有关项目后的余额计价，并按比例从联合成本项目中扣除；丙副产品按计划成本计价，从联合成本的直接材料项目中扣除，丁副产品由于数量较少、价值较低，不予计价。2020 年 12 月份该厂有关产量、单价、计划成本等资料见表 6-2-5、表 6-2-6。

要求：根据上述资料，编制完工产品成本计算表。

表 6-2-5　　产量、单价、计划成本资料　　金额单位：元

产品名称	产量(吨)	单位售价	单位税金	单位销售费用	计划单位成本
甲	2000				
乙	250	50	5	5	
丙	100				25
丁	1				

表 6-2-6　　有关费用资料　　单位：元

项目	直接材料	直接人工	制造费用	合计
本月主、副产品共同成本	40000	5000	11000	56000
乙产品分离后加工费用		600	640	1240

关键知识点

（一）分类法的概念

分类法是以产品的类别作为成本核算对象，用以归集生产费用，计算出各类产品实际成本，再在类内产品之间进行成本分配，计算出类内各种产品成本的方法。

（二）分类法的特点

（1）成本计算对象是产品类别。

（2）成本计算期决定于生产特点及管理要求。如果是大批量生产，结合品种法或分步法进行成本计算，则应定期在月末进行成本计算；如果与分批法结合运用，成本计算期可不固定，而与生产周期一致。所以，分类法并不是一种独立的基本成本计算方法。

（3）月末一般要将各类产品生产费用总额在完工产品和月末在产品之间进行分配。

（三）分类法的成本计算程序

分类法的成本计算程序与品种法相同。

（1）按产品类别设立生产成本明细账。采用分类法计算产品成本，首先要将产品按照性质、结构、用途、生产工艺过程、耗用原材料的不同标准，划分若干类别。然后以其类别作为成本计算对象设立成本计算单。

（2）按照规定的成本项目汇集生产费用，计算各类产品的总成本。

（3）采用适当的方法将各类完工产品成本在该类各种不同规格的产品中进行分配，计算类内各产品的总成本和单位成本。

（四）类内各种产品成本的分配标准和分配方法

1. 分配标准

产品成本的分配标准是根据产品生产特点确定的。它可以采用产品的经济价值指标（计划成本、定额成本、销售单价），也可以采用产品的技术性指标（重量、长度、体积、浓度、含量等），还可以采用产品生产的各种定额消耗量来作为分配标准。

2. 分配方法

常用的分配方法有：定额比例法、系数分配法。

（1）定额比例法。定额比例法是指按照完工产品与月末在产品定额耗用量或定额费

用的比例分配成本的一种方法。定额比例法的计算步骤如下：

① 计算类内每种产品成本项目的定额成本或定额消耗量，分成本项目计算耗费分配率。

其计算公式如下：

某类产品某项消耗分配率＝该类完工产品该项耗费总额÷该类内各种产品的定额成本（或定额耗用量）之和

② 分成本项目计算类内各种产品的实际成本。

其计算公式如下：

类内某种产品某项目的实际成本＝该种产品该项目的定额成本（或定额耗用量）×该类内产品该项耗费分配率

（2）系数分配法。系数分配法是运用系数分配计算类内各规格产品成本的一种方法。这里的系数是指各种规格产品之间的比例关系。

系数分配法的计算步骤如下：

① 确定分配标准，即选择与耗用费用关系最密切的因素作为分配标准，如定格消耗量、定额成本、计划成本、售价或重量、体积和长度等。

② 将分配标准折算成固定系数，其方法是，在同类产品中选择一种有代表性的产品，如将产销量大、生产正常、售价稳定的产品作为标准产品，定其标准系数为"1"，并定出其他产品与标准产品的比率即系数。其计算公式为：

某产品系数＝该产品分配标准额÷标准产品分配标准额

③ 将类内各产品的产量按照系数折算出相当于标准产品的产量，计算公式为：

该产品相当于标准产品的产量＝该产品的实际产量×该产品的系数。

④ 计算出全部产品相当于标准产品的总产量，以此为标准分配类内各种产品的成本。

其计算公式为：

某种产品应分配的某项耗费＝该种产品的标准产量×该类产品某项耗费分配率

采用系数分配法，既可按综合系数分配，也可分成本项目采用单项系数分配。

（五）联产品和副产品的成本计算

1. 概念

联产品：同一材料、同一工艺、同一生产过程、同一地位的产品。

副产品：同一材料、同一工艺、同一生产过程、不同地位的产品。

2. 联产品成本计算的注意点

各产品成本计算的注意点是分离点，要注意分离点前、分离点、分离点后的成本计算。联产品成本的分配方法主要有：系数分配法、实物量分配法、相对销售收入分配法。

① 系数分配法以重量、体积、性能、含量、加工难易程度为标准，以及以定额成本、售价等为标准。

② 实物量分配法以重量、容积、其他实物量比例为标准。

③ 相对销售收入分配法以销售收入比例为标准。

（六）等级产品的成本计算

等级产品是指使用同种原材料，经过相同加工过程生产出来的品种相同、但质量有所差别的产品。

等级产品应视造成等级品质量差别的原因确定成本计算方法。如果等级产品是由于工人操作不当、技术不熟练等主要原因造成的，可以采用实物量分配法，以使各等级产品的单位成本相同。在成本相同的情况下，低等级产品由于售价较低而使其毛利低于正品的差额，从而能够比较敏感地反映由于企业产品质量管理不善所导致的经济损失。

案例讨论与讲解

案例 6-6　分析参考

应采用系数分配法。可采用综合系数分配法，也可采用单项系数分配法，且两者计算结果不同。

案例 6-7　分析参考

已知条件分析：

1. 分类标准

结构、材料、工艺相同，只是规格不同。

2. 基本思路

计算甲 \ 乙 \ 丙成本——→计算类内总成本——→按类别归集成本费用。

（1）按类别归集成本费用。将本类所发生的直接材料、直接人工、制造费用等进行汇总，分录如下所示：

借：生产成本——→基本生产成本——→甲类（直接材料/直接人工）

　　贷：原材料/应付职工薪酬

（2）按产品类别（甲类）开设产品成本明细账。根据该类产品月初在产品定额成本、本月生产耗费和月末在产品定额成本，登记甲类产品成本明细账，计算该类完工产品成本。

（3）分配与计算情况见表 6-2-7、表 6-2-8、表 6-2-9。

表 6-2-7　　产品成本计算单

产品类别：A　　日期：2020 年 12 月　　单位：元

摘要	直接材料	直接人工	制造费用	合计
月初在产品定额成本	5000	2200	1800	9000
本月生产费用	24000	14000	12000	50000
生产费用合计	29000	16200	13800	59000
完工产品成本	25500	14500	12400	52400
月末在产品定额成本	3500	1700	1400	6600

要求：根据原材料消耗定额计算原材料费用系数。

表 6-2-8 系数计算表

产品名称	材料消耗定额	系数	产量	标准产量
甲	15	0.75	650	487.5
乙	20	1	1100	1100
丙	25	1.25	850	1062.5

表 6-2-9 类内产品成本计算表

产品类别：A 日期：2020 年 12 月 单位：元

项目	产量（件）	总系数(标准产品量)	工时定额	定额总工时	总成本				单位成本
					直接材料	直接人工	制造费用	合计	
分配率					9.6226	0.1390	0.1189		
甲产品	650	487.5	42	27300	4691	3795	3246	11732	18.05
乙产品	1100	1100	36	39600	10585	5505	4708	20798	18.91
丙产品	850	1062.5	44	37400	10224	5199	4446	19870	23.38
合计	2600	2650		104300	25500	14500	12400	52400	60.33

3. 分录

借：库存商品——甲产品 11732

——乙产品 20798

——丙产品 19870

贷：基本生产成本——甲类 52400

案例 6-8 分析参考

1. 系数分配法

以甲产品为标准产品，以售价为标准确定系数，设甲的系数为 1，则乙的系数为 720/600=1.2，具体见表 6-2-10。

表 6-2-10 联产品成本计算表（系数分配法）

产品名称	产量（千克）	系数	标准产量	分配比例	应负担的成本			
					直接材料	直接人工	制造费用	合计
甲	5000	1	5000	0.5814	34884	18605	22326	75814
乙	3000	1.2	3600	0.4186	25116	13395	16074	54586
合计	8000		8600	1	60000	32000	38400	130400

甲分配比例=5000/8600=0.5814

甲分配的直接材料=0.5814×60000=34484

2. 实物量分配法（表 6-2-11）

综合分配率=120000/6000=20

直接材料分配率=60000/6000=10，甲材料费用=10×4000=40000

直接人工分配率=21600/6000=3.6

制造费用分配率=38400/6000=6.4

表 6-2-11　　联产品成本计算表（实物量分配法）

产品名称	产量(千克)	应负担的成本			
		直接材料	直接人工	制造费用	合计
分配率		7.5	4	4.8	16.3
甲	5000	37500	20000	24000	81500
乙	3000	22500	12000	14400	48900
合计	8000	60000	32000	38400	130400

3. 相对销售收入分配法（表 6-2-12）

表 6-2-12　　联产品成本计算表（相对销售收入分配法）

产品名称	产量（千克）	销售单价	销售价值	分配比例	应负担的成本			
					直接材料	直接人工	制造费用	合计
甲	5000	600	3000000	0.5814	34884	18605	22326	75814
乙	3000	720	2160000	0.4186	25116	13395	16074	54586
合计	8000		5160000	1	60000	32000	38400	130400

4. 以上三种方法计算结果的比较（表 6-2-13）

表 6-2-13　　三种方法计算结果比较表

产品名称	系数分配法	实物量分配法	相对销售收入分配法
甲	75814	81500	75814
乙	54586	48900	54586
合计	130400	130400	130400

结论：在本案例中，系数分配法与相对销售收入分配法两种产品的成本相同，而实物分配法下的成本则不同。实物分配法下甲成本比其他两种分配法下成本高出 5686 元。原因：系数分配法与相对销售收入分配法均以销售价格为基础进行计算，而甲销售价格低于乙销售价格，同时甲的实物量大于乙的实物量。

案例 6-9　分析参考

根据案例中的资料，编制的完工产品成本计算表见表 6-2-14。

表 6-2-14　　完工产品成本计算表

项目	共同成本		丙产品		乙产品				甲产品	
					总成本			单位		
	金额	比重	总成本	单位成本	分离前	分离后	合计	成本	总成本	单位成本
直接材料	40000	71%	2500	25	6257		6257	25.03	31243	15.62
直接人工	5000	9%			782	600	1382	5.53	4218	2.11
制造费用	11000	20%			1721	640	2361	9.44	9279	4.64
合计	56000	1	2500	25	8760	1240	10000	40.00	44740	22.37

表 6-2-14 中计算结果说明：

共同成本中的比重指各项目与其共同成本总额的比重。

丙产品总成本：由计划单位成本与产量计算得出。

乙产品总成本：是售价扣除税金及销售费用后的余额，即：(50－5－5)×250＝10000 元。

乙产品分离前总成本＝乙产品总成本－分离后的总成本＝10000－600－640＝8760 元

乙产品分离前各项目成本＝乙产品总成本×比重

甲产品总成本＝共同成本－丙产品总成本－乙产品分离前总成本

实训

实训 6-2　分类法的选择应用

宏兴工厂大量生产甲、乙、丙三种产品，这三种产品结构相似，使用原材料相同，生产工艺过程相同，只是规格不同。为简化成本计算，将三种产品归为一类——A 类，采用分类法计算产品成本。甲类产品的月末在产品成本按定额成本计算，该类产品 2020 年 12 月月初在产品成本、本月生产耗费及月末在产品成本资料如表 6-2-15 所示。

表 6-2-15　　月初月末在产品成本、本月生产耗费表　　金额单位：元

项　目	直接材料	直接人工	制造费用	合计
月初在产品成本	5500	2500	1900	9900
本月生产耗费	25000	13500	12500	51000
月末在产品成本	3600	1800	1500	6900

该类各种产品的耗费分配标准：直接材料按各种产品的原材料费用系数分配，原材料费用系数按原材料消耗定额确定，选定乙产品作为标准产品；直接人工、制造费用等加工费用按定额工时比例分配。

A 类各种产品产量、原材料消耗定额和工时定额资料如表 6-2-16 所示。

表 6-2-16　　A 类各种产品产量、原材料消耗定额和工时定额资料

产品名称	产量/件	原材料消耗定额/千克	工时定额/小时
甲产品	700	15	42
乙产品	1200	20	36
丙产品	900	25	44

要求：采用分类法计算各产品的成本。

实训 6-3　联产品成本计算

惠明木材加工厂用同一种原料同时生产出甲、乙两种联产品。2020 年 12 月份生产资料如表 6-2-17 所示，全部产品均已出售。

要求：用系数分配法、实物量分配法、相对销售收入分配法三种方法计算各产品成本并分析差异及原因。

实训 6-4　副产品成本计算

惠明木材加工厂生产甲产品的同时，附带生产出乙、丙、丁三种副产品。乙副产品按产品售价扣除销售税费等有关项目后的余额计价，并按比例从联合成本项目中扣除；

丙副产品按计划成本计价，从联合成本的直接材料项目中扣除，丁副产品由于数量较少、价值较低，不予计价。2020 年 12 月份有关产量、单价、计划成本等资料见表 6-2-18、表 6-2-19。

表 6-2-17　　生产资料表

产品名称	完工数量	本月发生			售价	售价系数
		直接材料	直接人工	制造费用		
甲	4800				720	1
乙	3200				450	0. 625
合计	8000	64000	32000	37800		

表 6-2-18　　产量、单价、计划成本资料　　金额单位：元

产品名称	产量(吨)	单位售价	单位税金	单位销售费用	计划单位成本
甲	1800				
乙	220	80	8	12	
丙	120				30
丁	0. 5				

表 6-2-19　　有关费用资料　　单位：元

项目	直接材料	直接人工	制造费用	合计
本月主、副产品共同成本	42000	5500	11500	59000
乙产品分离后加工费用		650	640	1290

要求：根据上述资料，编制完工产品成本计算表。

任务三　应用作业成本法

案例引入

案例 6-10　打印机生产成本动因分析

湖南 HOP 电子设备制造公司主要生产销售复印机、打印机、扫描仪、投影仪等各类电脑耗材，并形成了几个系列的产品体系。随着企业规模的不断扩大和现代化程度的不断提高，企业逐步引入作业成本法和作业成本管理。通过熟悉打印机等电子产品的生产工艺流程图，参观生产现场，与工人进行交谈，可以了解到在生产打印机的过程中，主要工序包括零部件生产准备、压焊、技术冲洗烘干、质量检测和包装。

通过分析鉴定将公司生产打印机的整个流程分为工程作业、调整、机器运行、包装四个作业中心。同时发现存储等待、返修检验等效率较低，不能有效实现增值的作业项目。

公司生产过程中的资源耗费项目包括工资（含奖金及附加费）、资产折旧、机物料消耗、修理费动力费等的分配、设备维护、劳保差旅费和其他费用。

要求：请确定各作业中心的成本动因。

案例 6-11　作业成本法的应用

娄华热水器厂制造的热水器有两款型号——标准型、豪华型，该两款产品的详细资料如表 6-3-1 所示。

表 6-3-1　　　　娄华热水器厂生产资料

	标准型号	豪华型号
年销售量(件)	20000	20000
每件售价(元)	1300	1860
每批数量(件)	100	50
每件所需工时(小时)	10	15
每小时工资率(元)	10	10
每件所需材料成本(元)	440	640
每件所需特别零部件数量(件)	1	4
每件所需的设计次数	1	3
每批所需发出材料次数	1	1
每年发出的销售发票数目	100	250

近来数月，豪华型产品每件售价高出标准型产品 560 元，所以销售部门一直主张大批量生产豪华型，以达到扩大公司利润的目的，娄华热水器一直尝试说服购买标准型的客户转为购买豪华型，但生产部门认为，尽管豪华型具有市场竞争力，售价较高，但所需原材料成本一样升高，因此大批量生产不一定会导致利润上升，娄华热水器厂成本核算部门编制的间接制造费用分析提供了以下资料，如表 6-3-2 所示。

表 6-3-2　　　　娄华热水器厂作业与成本动因与间接费用表

作业活动	间接制造费用(元)	成本动因
设置成本	1564000	设置次数
特别零部件处理成本	1250000	特别零部件数量
出具发票成本	900000	发票数量
材料处理成本	1260000	材料发出次数
其他间接费用	2160000	工时
合计	7134000	

要求：使用传统成本计算法和作业成本法计算该厂的单位产品成本，并分析该厂应采用哪种成本计算方法。

关键知识点

（一）传统成本计算方法缺陷分析

1. 固定成本按产量分摊

传统成本计算中，采用完全成本法计算，这样企业的固定成本以分摊方式分摊到不同种类产品中。随着产量的增加，单位固定成本减少，当单位变动成本不变时，平均成本下降。当销售量或销售收入不变的情况下，只要增加产量就可以增加当期利润，从而刺激经理人过度生产。

2. 制造费用项目与产量存在函数关系

传统成本计算法下，制造费用、辅助生产费用等间接费用在分配时一般以生产工时、人工费用、机器工时等产量基础进行分配，它隐含的假设是：制造费用等单位费用与产量呈函数关系。而实际上，许多制造费用项目并不与产量呈函数关系，而是与批次、作业次数等呈函数关系。全部按产量基础分配制造费用显然会误导成本信息。

基于以上第一条，提出了变动成本法的概念，基于第二条，提出了作业成本法的概念。

（二）作业成本法的概念

作业成本法，又称为ABC法（Activity Based Costing），是将间接成本和辅助费用更准确地分配到产品和服务的一种成本计算方法。企业的全部经营活动是由一系列作业组成，每一项作业都要消耗资源，而产品也需要一系列作业才能生产出来，产品消耗作业，作业消耗资源，产品是消耗全部作业的成本，产品成本则是全部作业所消耗资源的总和。

（三）作业成本法运用的几个核心概念

1. 作业与作业中心

（1）作业。作业有广义和狭义之分。广义的作业是指企业中特定组织重复执行的任务或活动，如签订材料采购合同、将材料运达仓库、对材料进行质检、办理入库手续、登记材料明细账等。每一项作业都是针对加工或服务对象重复执行特定的或标准化的活动，如服装厂的裁剪作业，无论哪种衣服，均是将布匹平摊在裁剪台上，按画好的轮廓进行剪裁。狭义的作业可能是某一项具体活动，如车工作业；也可能是一类活动，如机加工车间的车、铣、刨、磨等作业，可以统称为机加工作业。

作业的分类。站在客户的角度，可分为增值作业和非增值作业。最终增加客户价值的作业为增值作业，反之为非增值作业。企业应尽量增加客户价值，因此作业管理的核心是识别出不增加顾客价值的作业，从而找到应改进的地方。在制造业中，非增值作业有等待作业、废品清理作业、材料堆积作业、次品处理作业、返工作业等。

（2）作业中心。将类似的作业归集在一起便构成了作业中心。建立作业中心的主要目的是为了归集每一类作业的成本，简化作业成本计算。

作业中心的分类（表6-3-3）：

① 与产品产量有关的作业中心。这类作业中心的成本与产品产量相关，或属于以产品产量为基础的变动成本，如装配与冲压的直接人工成本，以及机器运转成本等。

② 与产品批次有关的作业中心。这类作业中心的成本与产品的批次有关，但与特定批次的产量多少无关。就生产批次而言，此类成本的性质为变动成本，但是就某一批产品而言，它属于固定成本。例如，机器的准备与材料处理成本就属于这一类。

③ 与产品项目有关的作业中心。这类作业中心的成本与产品项目的多少有关，但与某类产品的生产批次和生产数量无关。换句话说，此类成本随着产品的类别增加而增加。但就某类特定产品而言，它属于此类产品的固定成本。例如，各类产品材料清单的设定、产品设计与产品测试的成本就属于此类。

④ 与产品设施有关的作业中心。这类作业中心的成本与提供良好的生产环境有关。它属于各类产品的共同成本，与产品项目多少、某类产品生产批次、某批产品的产量无关。例如，厂房的折旧、厂房设备的维护与修理费用、工厂管理与人事管理费用都属于此类。

表 6-3-3　作业中心分类

分类	成本动因	举例
与产品产量有关的作业中心	产品产量	装配与冲压的直接人工成本、机器运转成本
与产品批次有关的作业中心	产品的批次	机器的准备与材料处理成本
与产品项目有关的作业中心	产品项目	各类产品材料清单的设定、产品设计与产品测试的成本
与产品设施有关的作业中心	没有动因，只能分摊	厂房的折旧、厂房设备的 维护与修理费用、工厂管理与人事管理费用

2. 作业链与价值链

作业链是指企业为了满足顾客需要而建立的一系列有序的作业集合体。

价值链与作业链紧密相关。按 ABC 法的原理，产品消耗作业，作业消耗资源，一项作业转移到另一项作业的过程，同时也伴随着价值量的转移，最终产品是全部作业的集合，同时也是全部作业的价值集合。

3. 成本动因

（1）成本动因的概念。成本动因是指引起成本发生的因素，一般统称为分配基础、驱动因素。如产量增加，直接材料成本增加，则产量就是直接材料成本的驱动因素，称为直接材料成本动因，再如检验成本随着检验次数增加而增加，则检验次数成为检验成本的驱动因素，称为检验成本的成本动因，再如机器损耗成本，随着机器开动时间的增加而增加，则开动时间成为机器损耗成本的驱动因素，称为机器损耗成本动因。

（2）成本动因的分类。成本动因可分为资源成本动因、作业成本动因。

资源成本动因反映作业中心对企业资源的消耗情况，是资源成本分配到作业中心的标准。如检验作业要开动机器，耗用电力资源，所耗电力资源的成本等于“机器开动工时×设备额定功率”，则“机器开动工时×设备额定功率”为资源成本动因。“机器开动工时×设备额定功率”的值为动因数量，数量越大，耗用的资源越多。

作业成本动因用于衡量一个成本对象需要的作业量，是产品成本增加的驱动因素。如检验“次数”是检验作业的成本动因，次数越多，检验作业成本越多。

（3）确定成本动因的影响因素。通常情况下，一个成本库有几个成本动因，有的成本动因与成本库费用之间存在较弱的相关性，有的则存在较强的相关性，因此，选择成本动因时应选择与其费用存在较强相关性且具有代表性的成本动因。具体包括以下几个因素：一是成本动因提供信息的准确度，二是获得成本动因相关联的信息所需成本的大小。三是成本动因与作业中心成本的相关度。如检验成本，其成本动因是检验次数，原因是次数数据的获取成本较低，与检验成本相关度高，产品检验程序的规则一样，则提供信息的准确度高。

4. 成本库

成本库是指可用同一成本动因来解释其成本变动的同质成本集合体。

（四）作业成本法的特点

1. 成本计算分两个阶段

作业成本法的指导思想是“作业消耗资源，产品（服务或顾客）消耗资源”，根据这一思想，作业成本法计算成本可以分为两个阶段：资源分配到作业，再将作业分配到产品。成本计算的两个阶段见图 6-3-1。

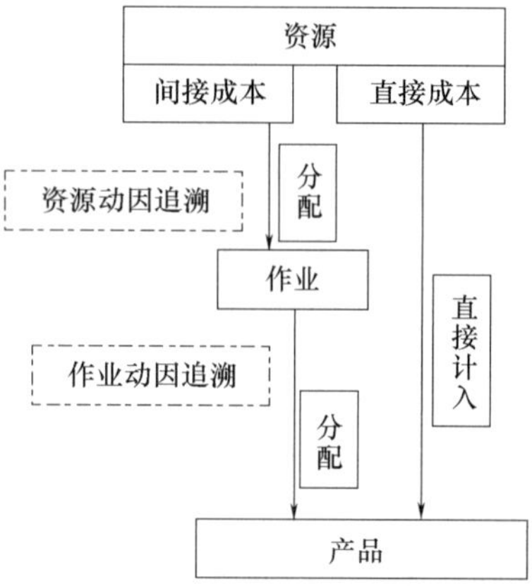

图 6-3-1　成本计算的两个阶段

2. 成本分配强调因果关系

作业成本法的成本分配主要使用追溯和动因分配，尽可能减少不准确的分摊。成本追溯是指把成本直接分配给相关的成本对象。如将资源成本分配给作业，为进行资源动因追溯；将作业成本分配到产品，为作业动因追溯。在进行成本追溯时，强调按成本动因进行追溯。也可能有些成本既不能追溯也不能合理、方便地找到成本动因，只好以产量作为分配基础，将其强制分摊给成本对象，视为分摊。

3. 成本分配使用众多不同层次的成本动因

采用不同层面的、众多的成本动因进行成本分配，要比采用单一分配基础更加合理，更能保证产品成本计算的准确性。

（五）作业成本法的成本计算程序

1. 识别和认定作业

识别和认定作业即确定每一项作业完成的工作以及执行该作业耗用的资源成本。通过对生产流程的分析，识别出生产流程中的各项工作并进一步归集和分类，并按顺序列出作业清单，如表 6-3-4 所示。

表 6-3-4　某企业作业清单

作业名称	作业说明
材料订购	包括选择供应商、签订合同、明确供应方式等
材料检验	对每批购入的材料进行质量检验、数量检验
生产准备	每批产品投产前进行设备调整等准备工作
发放材料	每批产品投产前将所需材料发放到各车间
材料切割	将管材等切割成适合用于机加工的毛坯件
车床加工	使用车床加工零件
铣床加工	使用铣床加工零件
刨床加工	使用刨床加工零件
产品组装	人工装配变速箱
包装	用木箱包装产品
车间管理	组织和管理车间生产、保证生产条件

2. 设计作业成本库

作业成本库可分为以下四种。

（1）单位级作业成本库。单位级作业是指每一单位产品至少要执行一次的作业。例如，机器加工、组装。这些作业对每个产品都必须执行。这类作业的成本包括直接材料、直接人工工时、机器成本和直接能源消耗等。

单位级作业成本是直接成本，可以追溯到每个单位产品上，即直接计入成本对象的成本计算单。

（2）批次级作业成本库。批次级作业是指同时服务于每批产品或许多产品的作业。例如，生产前机器调试、成批产品转移至下一工序的运输、成批采购和检验等。它们的成本取决于批次，而不是每批中单位产品的数量。

批次级作业成本需要单独进行归集，计算每一批的成本，然后分配给不同批次（如某订单），最后根据产品的数量在单个产品之间进行分配。

（3）品种级作业成本库。品种级作业是指服务于某种型号或样式产品的作业。例如，产品设计、产品生产工艺规程制定、工艺改造、产品更新等。这些作业的成本依赖于产品的品种数或规格型号数，而不是产品数量或生产批次。

品种级作业成本仅仅因为某个特定的产品品种线存在而发生，随着产品品种数而变化，不随产量、批次数而变化。例如，维护某一产品的工程师的数量取决于产品的复杂程度，而生产的复杂程度是产品零件多少的函数，因此可以以零件数量为基础分配品种级成本至每一种产品，然后再分配给不同的批次（如某订单），最后根据产品的数量在单个产品之间进行分配。

（4）生产维持级作业成本库。生产维持级作业是指服务于整个工厂的作业。例如，工厂保安、维修、行政管理、保险、财产税等。它们是为了维护生产能力而进行的作业，不依赖于产品的数量、批次和种类。无法追溯到单位产品，并且和产品批次、产品品种无明显关系的成本，都属于生产维持级成本。这些成本首先被分配到不同产品品种，然后分配到成本对象（如某订单），最后分配给单位产品。这种分配顺序不是唯一选择，也可以依据直接人工或机器工时分配给成本对象。这是一种不准确的成本分摊。

3. 分配资源成本到作业

将直接成本归集到成本计算对象，将间接成本归集到成本库。在本步骤，则将资源成本借助资源成本动因分配到各项作业。资源成本动因和作业成本之间一定要存在因果关系。常用作业的资源成本动因如表 6-3-5 所示。

表 6-3-5　作业的资源成本动因

作业	资源成本动因
机械运行作业	机器小时
安装作业	安装小时
清洁作业	平方米
材料移动作业	搬运次数、搬运距离、搬运重量
人事管理作业	雇员人数、工作时间
能源消耗	电表、流量表、装机功率和运行时间
制作订单作业	订单数量
顾客服务作业	服务电话次数、服务产品品种数、服务的时间

4. 分配作业成本到产品

（1）选择成本基础。不同类型的产品，不同产品的生产，作业活动领域不同，成本基础也不同。可以把作业分为材料搬运、生产调度、准备人工、自动化机器、精加工、包装和运输等；也可以是采购、设计、规划、组织订货、制造、仓储与发城乡之间、售后服务等。

（2）追踪资源。按不同作业领域追踪所耗资源，将同性质的作业归集为作业中心，再根据作业中心与产品的关系分配该作业中心成本。

（3）按作业中心归集成本。在确定作业中心的基础上，对发生的费用应根据费用的性质进行记录，并归集于相应的作业中心，最后进行汇总。按作业中心归集成本有利于衡量企业各项作业活动的效果和业绩。作业效绩方面可用作业总成本来体现，另一方面可用作业质量或产品属性来体现，如产品制造的可靠性、售后的服务性等。

（4）选择适当的成本动因。选择成本动因就是根据追踪的资源，选择分配各作业中心成本的标准。例如，材料搬运作业的作业衡量标准就是搬运的零件数量；生产调度作业的作业衡量标准是生产订单数量；自动化设备作业的作业衡量标准是机器工时数；精加工作业的作业衡量标准是直接人工工时数等。应当指出，在分配作业中心成本时，有些成本动因与产品直接相关，因而可以将这些作业中心的成本直接分摊至产品，如与产量有关的作业中心、与产品批次有关的作业中心的成本都可直接分配到产品中去。其他一些作业中心的成本，由于与产品没有直接关系，因而这些作业中心的成本应首先分摊至与产品有直接关系的作业中心（或称初步成本分配阶段），然后由与产品有直接相关的作业中心分配到产品中去，如与产品项目有关的作业中心和与产品设施有关的作业中心的成本分配都属于初步成本分配。

（5）确定作业中心成本分配率。当作业中心已经确认、成本已经汇集、成本动因已经确立后，就可以将该作业中心的成本除以预计的作业量，计算以成本动因为单位的分配率。

（6）计算产品的作业成本。根据各批产品所耗用的成本动因作业量和该作业中心的成本分配率，就可求得该批产品所应负担的成本，包括应负担的作业总成本和单位成本。另外，应当指出，进行作业成本计算所涉及的会计账户设置与传统成本计算不同。作业成本计算的程序是根据资源动因将成本追踪到作业中心，再将作业中心的成本按作业动因分配给产品。按传统方法核算的部门成本分解为作业成本，虽然会大大增加账户的数量，但可以克服传统成本计算法的成本扭曲问题，提供更准确的成本信息。

从本质上看，作业成本计算是一个借助作业揭示可供资源、实际使用资源、实际需使用资源、无效使用资源和未使用资源，区分增值作业与非增值作业、提供业绩评价和资源能置信息的过程。因此，账户设置可分为两大类：一类是增值作业账户，另一类是非增值作业账户。增值作业可按作业中心设置账户，归集核算每个作业中心的成本。增值作业中有两类成本，一类是直接成本，另一类是间接成本。直接成本按传统方法核算，间接成本按性质设立成本库，每一个成本库设立一个账户，如“修理费用”“开工准备费用”“检验费用”等账户。非增值作业也有两类成本，一类是维持性作业成本，另一类是无效作业成本。维持性作业成本可以设置“标准间接费用”账户，无效作业成本可以设置“间接费用差异”账户。非增值作业主要是指企业组织和管理生产经营的活动，因此，这一类成本可以列作期间成本，直接计入当期损益。作业成本法产品成本的计算过程如图 6-3-2 所示。

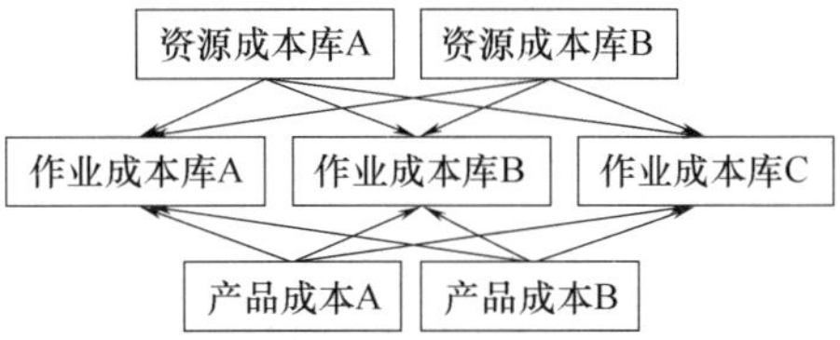

图 6-3-2　作业成本法产品成本的计算过程

（六）作业成本法的优缺点

1. 作业成本法的优点

作业成本法能使管理人员想方设法地进行成本控制。

2. 作业成本法的缺点

① 作业成本计算法提供的成本信息是历史的，从成本管理的角度看，作用并不大。

② 作业成本计算法在成本动因确定方面，需要人为地进行判断，具有主观性，可能会出现误差。有些作业费用的成本动因很难按产品品种来划分，如与供应商相关的供应材料的费用。

③ 用作业成本计算法所分配的间接费用是那些由生产作业所引起的制造费用，但并没有解决与作业活动不相关的间接费用如何分配的问题，如取暖费、保险费、厂房折旧等。

④ 在作业成本计算法下，对一些产量驱动型的制造费用是按生产工时或机器工时进行分配，实际上这样分配的结果是不正确的。因为大型设备与小型设备、普通设备与高精尖设备，每小时的费用是不同的。

⑤ 在作业成本计算法下，成本计算一般是以整个工厂为单位，将直接计入产品成本的直接材料、直接人工加上各成本库分来的作业成本求得产品总成本，这样不能提供生产部门的成本。

⑥ 作业成本计算法只适用于制造费用所占比重大、项目多的企业，对于非此类企业相对意义较小。

案例讨论与讲解

案例 6-10　分析参考

公司生产流程的 4 个作业中心有工程作业、调整、机器运行、包装，其作业成本动因分别确定为工程作业时间、调整次数、机器小时、包装单数量。

案例 6-11　分析参考

（1）作业成本法计算过程见表 6-3-6、表 6-3-7。

表 6-3-6　　间接费用分配率计算表　　金额单位：元

作业活动	成本动因	间接费用 a				分配率 e=a/d
			标准型 b	豪华型 c	合计 d=b+c	
设置	设置次数	1564000	200	1200	1400	1117. 14
特别零部件	零部件数量	1250000	20000	80000	100000	12. 5
客户发票	发票数量	900000	100	250	350	2571. 43
材料处理	发出次数	1260000	200	400	600	2100
其他	工时	2160000	24000	30000	54000	40
合计		7134000				

根据表 6-3-6 中有关数据，计算如下：

标准型投入批数=销售数量/每批件数=20000/100=200

豪华型投入批数=20000/50=400

标准型设置次数=1×200=200

豪华型设置次数=3×400=1200

标准型特别零部件数量=1×20000=20000

豪华型特别零部件数量=4×20000=80000

标准型耗用工时=10×20000=200000

豪华型耗用工时=15×20000=300000

表 6-3-7　　间接费用分配表　　金额单位：元

作业活动	分配率 e	标准型		豪华型		间接费用 a
		动因数量 b	分配成本 f=e×b	动因数量 c	分配成本 g=e×c	
设置	1117. 14	200	223428	1200	1340568	1563996
特别零部件	12. 5	20000	250000	80000	1000000	1250000
客户发票	2571. 43	100	257143	250	642857. 5	900000. 5
材料处理	2100	200	420000	400	840000	1260000
其他	40	24000	960000	30000	1200000	2160000
合计			2110571		5023425. 5	7133996. 5

根据表 6-3-7 中有关数据，计算如下：

标准型单位成本=2110571/20000=105. 53

豪华型单位成本=5023425. 5/20000=251. 17

2. 两种产品的利润比较

以作业为分配基础，两种产品的利润比较如表 6-3-8 所示。

表 6-3-8　　两种产品利润比较表

按人工基础分配				
间接成本总额(元)	7134000			
总工时(小时)	500000			
间接费用分配率(元/小时)	14. 27			
	按人工基础分配的利润		按作业基础分配的利润	
	标准型(元)	豪华型(元)	标准型(元)	豪华型(元)
每件售价	1300	1860	1300	1860
单位成本				
直接材料	440	640	440	640
直接人工	100. 00(10×10)	150. 00(10×15)	100	150
制造费用	142. 7(14. 27×10)	214. 05(14. 27×15)	105. 53	251. 17
单位总成本	682. 7	1004. 05	645. 53	1041. 17
每件利润	617. 3	855. 95	654. 47	818. 83
销售利润率	47. 48%	46. 02%	50. 34%	44. 02%

综上可以看出，采用作业成本法计算成本，标准型产品的销售利润高于豪华型。根据娄华热水器厂的生产特点，采用作业成本法核算产品成本更为精准，因而应尽量说服客户购买豪华型产品的建议是错误的。

实训

实训 6-5 成本动因分析

华湘国际旅行社是娄底市一家典型的小型旅行社，主要业务包括组织团体、散客国内旅游，组织参与学习、交流及夏令营等活动。该旅行社部门设置较为精简，员工工作经验丰富，业务精湛。主要作业中心有产品研发、产品销售、导游服务、管理、财务。各作业中心的主要作业见表 6-3-9。

表 6-3-9 华湘国际旅行社作业表

作业中心	作　　业
产品研发	市场调研、产品设计、产品试产与试销、产品投放市场、产品效果检查、旅游行程安排
产品销售	广告宣传、制定促销策略、制定产品销售价格、交际应酬
导游服务	通信费、导游陪同、旅游安排陪同
管理	门店租赁、职工工资及福利、契约与合同公证及咨询、坏账损失、上级管理及其他管理
财务	利息支出、金融机构手续费

要求：请分析该旅行社的成本动因。

实训 6-6 作业成本法运用实训

双瑞钟表制造公司采用作业基础成本法计算分配间接费用，2020 年 5 月份该企业有关资料如表 6-3-10 所示。

表 6-3-10 企业成本资料表

作　　业	成本动因	成本(元)	作业水平	
			时钟	手表
生产准备	准备次数	80000	25	80000
材料管理	零件数	25000	15	25000
包装与运输	运输数量	50000	3500	50000
间接费用合计		155000		155000

要求：

（1）用作业基础成本法计算分配每种产品的间接费用总额。

（2）以人工工时作为分配基础计算分配各产品的间接费用总额。已知装配每只时钟的时间为 1 小时，装配每只手表的时间为 1.5 小时。时钟的生产量为 3500 只，手表为 6500 只。

项目综合实训

一、选择题

1. 定额法适用于（　　）。

A. 小批量单件单步骤生产的企业　　　B. 大批量多步骤生产的企业
C. 可以按一定标准将所产产品进行分类的企业
D. 定额管理基础较好，各项消耗定额较准确且稳定的企业
2. 采用定额法计算产品成本，产品实际成本的组成项目没有（　　）。
A. 定额成本　　B. 脱离定额差异　　C. 材料成本差异　　D. 直接人工差异
3. 在定额法下，产品的实际成本是（　　）的代数和。
A. 按现行定额计算的产品定额成本　　B. 脱离现行定额的差异
C. 材料成本差异　　D. 月初在产品定额变动差异
E. 月末在产品定额成本变动差异
4. 采用定额法计算产品成本的企业应当具备（　　）。
A. 定额管理制度比较健全　　B. 定额管理基础工作比较好
C. 产品生产已经定型　　D. 各项消耗定额比较准确、稳定
E. 期末在产品数量稳定
5. 采用定额法计算产品成本，产品实际成本的组成项目有（　　）。
A. 定额成本　　B. 脱离定额差异
C. 材料成本差异　　D. 定额变动差异
E. 人工成本差异
6. 企业在生产主要产品的过程中附带生产出的可以销售的不合格产品，称为（　　）。
A. 联产品　　B. 副产品　　C. 废品　　D. 次品
7. 定额法的最大优点是有利于（　　）。
A. 成本核算　　B. 成本控制　　C. 成本分析　　D. 成本考核
8. 采用分类法，可将（　　）等方面相同或相似的产品归为一类。
A. 产品结构和耗用原材料　　B. 产品生产工艺技术过程
C. 产品性质和用途　　D. 产品的售价
E. 产品的毛利
9. 采用分类法计算分配类内产品成本时常采用的方法包括：（　　）。
A. 定额比例法　　B. 系数分配法　　C. 实物量分配法
D. 收入倒推法　　E. 相对销售收入分配法
10. 分类法的特点包括（　　）。
A. 以产品的类别作为成本计算对象
B. 成本计算期取决于生产特点及管理要求
C. 月末一般需要分配完工产品成本和在产品成本
D. 不是一种独立的产品成本计算方法
E. 是一种独立的产品成本计算方法
11. 适合采用分类法计算产品成本的企业有（　　）。
A. 机械制造厂　　B. 发电厂　　C. 造纸厂　　D. 衬衫厂
12. 采用分类法按系数分配计算类内各种产品成本时，对于系数的确定方法是（　　）。

A. 选择产量大的产品作为标准产品，将其分配标准数确定为 1

B. 选择产量大、生产稳定的产品作为标准产品，将其分配标准数确定为 1

C 选择产量大、生产稳定或规格折中的产品作为标准产品，将其分配标准数确定为 1

D. 自行选择一种产品作为标准产品，将其分配标准数确定为 1

13. 计算月初在产品的定额变动差异，其目的是（　　）。

A. 正确计算本月产成品的定额成本　　B. 正确计算本月半成品的实际成本

C. 调整本月发生的定额成本　　D. 调整月初在产品的定额成本

14. 原材料的定额费用和脱离定额的差异是按照（　　）计算的。

A. 实际成本　　B. 计划成本　　C. 加权平均成本　　D. 可变现净值

15. 作业成本法下分配费用的基础是（　　）。

A. 成本动因　　B. 资源动因　　C. 作业动因　　D. 产品种类

16. 作业成本法的成本计算对象是（　　）。

A. 产品　B. 作业　C. 作业链　D. 作业成本库

17. 作业成本法适用于以下类型的生产企业：（　　）。

A. 间接生产费用所占比重较大　　B. 企业规模大、产品品种多

C. 作业环节多且易辨认　　D. 生产准备成本较高

E. 计算机技术较高

二、判断题

1. 定额法是为了加强成本管理，进行成本控制而采用的一种成本计算与成本管理相结合的方法。（　　）

2. 定额法能够单独应用，不必与产品成本计算的基本方法结合起来应用。（　　）

3. 定额法的适用范围与企业生产类型没有直接关系。（　　）

4. 在定额法下，退料单应视为差异凭证。（　　）

5. 要实现作业成本管理的基本思想，就必须借助作业分析。（　　）

6. 分类法是成本计算的基本方法，它与企业生产类型没有直接关系。（　　）

7. 联产品成本的计算就是联产品分离时成本的分配。（　　）

8. 企业联产品的成本应该包括其所应负担的联合成本和分离后的继续加工成本。（　　）

项目七 分析成本报表

知识目标

具有成本报表的概念、作用、种类等知识；具有成本报表分析方法如比较分析法、比率分析法、因素分析法的知识。

技能目标

具有运用比较分析法、比率分析法和因素分析法对成本报表资料进行分析的能力。

思政目标

具有细致、认真、不做假账的职业素养。

任务一 认知成本报表

案例引入

案例 7-1 公司成本管理需求分析

娄惠工厂是一家生产制造企业，2020 年 9 月—11 月销售利润下降，总经理为此找财务经理了解情况：

总经理：我注意到这几个月的毛利减少了不少。

财务经理：是的，这几个月是淡季，销售收入比上季度下降了 15%。

总经理：同时，我发现销售成本只下降了 6%，很多产品的单位成本都比前几个月提高了不少。

财务经理：是的。我们的产品成本中有 45%左右的固定成本，如折旧费、人工费等，它们不会随着销售收入的下降而下降，另外，有几种主要的原材料这几个月价格一直在上涨。

总经理：是的，这个我知道。我还想知道开工不足和原材料涨价对成本的影响在我们工厂到底有多大？有没有具体一点的数字？我们必须算出具体的数据以便和销售总会诊，制定新的价格策略。

财务经理：哦，这个需要把数据再分析一下，回头我去安排。我可能需要一点时间。原材料涨价对成本的影响大致可以从产品单位成本中原材料部分的变动中看出来。

总经理：我需要一份详细资料，最好还能体现出每个因素的影响金额到底是多少。另外，哪个产品、哪批生产多用了料、多耗了时、为什么等这些因素都需要有一个详细的数据。前面说到的原材料成本增加是不是与车间管理也有关系？与工人工作效率的高低有关系？

财务经理：这个我不是很清楚，也许生产经理最了解。

总经理：请尽快给我一份详尽的生产成本方面的报表。

要求：根据案例中总经理的要求，制作一份该厂生产成本的报表。

案例 7-2　恒祥服装厂是否可以不编制成本报表

恒祥服装厂是一家刚刚成立的制造企业，财务认为成本报表是一种内部报表，没有必要对外报送，而且企业又刚成立，没有那么多种类的产品，现在没有必要进行成本报表编制和分析。

提问：你认为这种观点正确吗？为什么？

关键知识点

（一）成本报表的样式

前面项目一到项目六已经学习了成本的概念、成本核算的各种方法，同时利用了各种各样的数据表，如成本计算单、成本明细账、成本计划表、产量情况记录表、材料费用分配表、制造费用分配表、完工产品与月末在产品费用分配表、材料定额差异与脱离定额差异表等，下面还有如表 7-1-1、表 7-1-2 所示的有关成本的数据表，这些都可以称为成本报表。

表 7-1-1　　产品成本对比表

产品名称	计量单位	产量		单位成本			计划总成本（按计划产量）		本年总成本（按实际产量）		
		计划	实际	上年实际	本年计划	本年实际	按上年实际平均单位成本计算	按本年计划单位成本计算	按上年实际平均单位成本计算	按本年计划单位成本计算	按本年实际单位成本计算
甲产品	件										
乙产品	件										
丙产品	件										
全部商品产品成本											

（二）成本报表的概念

成本报表是根据产品（经营业务）成本和期间费用的核算资料以及其他有关资料编制的，用来反映企业一定时期产品（经营业务）成本和期间费用水平及其构成情况的报告文件。

从实质上看，它是企业内部成本管理的报表，是为企业内部管理需要而编制的，属于对内报表。

表 7-1-2　　　　　　　　　　　　**主要产品单位成本表**

产品名称：甲产品　　　　　　　　产品单位售价：1200 元
产品规格：400 毫升　　　　　　　本月实际产量：100 件
计量单位：件　　　　　　　　　　本年累计实际产量：800 件

成本项目	历史先进水平	上年实际平均	本年计划	本月实际	本年累计实际平均
直接材料	620	700	690	685	687
直接人工	70	90	92	89	90
制造费用	30	80	78	81	79
合计	720	870	860	855	856

（三）成本报表的作用

（1）反映企业报告期内产品成本水平。从前面的学习中，大家已经掌握了产品成本的构成要素及计算方法，也看到了各种各样的成本报表，了解了成本报表能反映报告期内产品的成本情况。

（2）反映企业成本计划完成情况。根据企业经营管理的需要，有些成本报表可以有成本计划或预算栏和实际成本栏，也可以设计计划完成程度栏目，这样的成本报表便反映了企业成本计划的完成情况。

（3）为制订成本计划、做出决策提供依据。从前面的学习中可以看出，各种成本计算表反映了一定时期产品的成本数据，这些数据又可以作为企业制订下一步成本计划的依据，同时为企业的成本决策提供信息。

（四）成本报表的种类

1. 按报表反映的经济内容划分

按经济内容划分，可以分为三类成本报表，即成本计划执行情况、费用支出情况、经营情况，如商品产品成本对比表、期间费用明细表、生产情况表等，如图 7-1-1 所示。

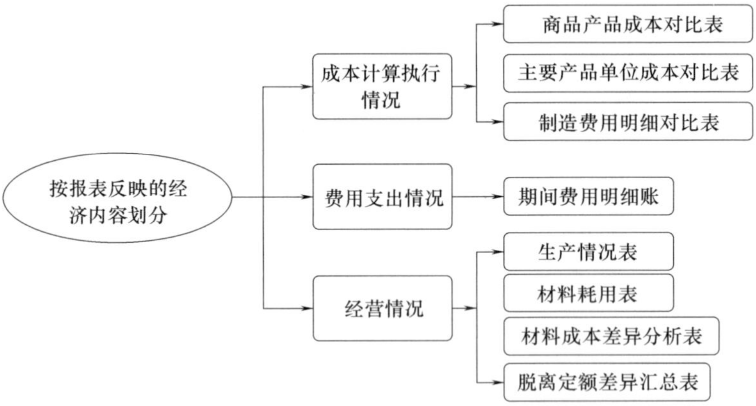

图 7-1-1　成本报表分类图

2. 按报表编制时间划分

按编制时间划分，可以分为年度报表、半年度报表、季度报表、月度报表、旬报、周报、日报、班报等。

（五）成本报表的特点

成本报表的特点主要有三个：服务内部、内容灵活、格式不固定。

（六）成本报表的编制要求

1. 成本报表的设置要求

成本报表一般由各单位根据自己生产经营管理的需要自行设置报表格式与内容，并可随着情况的变化，对报表种类、格式进行适当调整。设置时一般一个报表只反映一项内容，即注意内容的专题性，同时注意报表中的指标必须有利于生产经营管理的需要，即符合指标的实用性要求。

2. 报表编制与报送要求

必须做到数字真实、计算准确、内容真实、报送及时，这是财务会计报表的基本要求。

案例讨论与讲解

案例 7-1　分析参考

娄惠工厂需要定期编制成本报表。需要编制的报表有：各种产品成本计算单、产品成本分析对比表。一是计算各产品成本，包括材料、人工、各项间接费用的耗费情况，计算出每一产品的单位成本。二是进行产品成本对比分析，包括总成本、单位成本、各成本构成项目等的对比分析，并分析产生差异的原因，以便制定降低成本的策略或确定销售价格的策略，并对企业经营管理提出建议。

案例 7-2　分析参考

应该编制成本报表。

理由：成本报表是用以反映生产费用与产品成本的构成及其升降变动情况，以考核各项费用与生产成本计划执行结果的会计报表，是会计报表体系的重要组成部分。

对内报表是指为企业内部经营管理需要而编制的各种报表。这种报表，其内容、种类、格式、编制方法和程序、编制时间和报送对象均由企业根据自己生产经营管理特点和需要来确定。成本报表就是其中的一种，它的编制目的主要是让领导者和企业了解企业的日常成本费用计划预算的执行情况，以便调动大家的积极性来控制费用的发生，为提高经济效益服务。同时为企业领导者和投资者提供经营所需的成本费用信息，以便进行决策和采取有效措施，不断降低成本费用。作为内部成本报表，可以根据企业自身的需要，适时地、不定期地进行编制，使成本报表能够及时地反映和反馈成本信息，提示存在的问题，促使有关部门和人员及时采取措施，改进工作，提高服务效果，控制费用的发生，达到节约成本的目的。作为制造型企业不能不编制成本报表，尤其是新成立的企业，不但必须要编制成本报表，还应该积累数据，多方分析，为生产成本管理打下良好的基础。

实训

实训 7-1　理论认知实训

一、简答题

1. 工业企业的成本报表有哪些？

2. 成本报表在管理中的作用有哪些？

3. 什么是成本报表？与对外报表相比，成本报表作为内部报表具有哪些特点？

4. 成本报表编制的要求有哪些？种类有哪些？

二、选择题

1. 下列报表中，不包括在成本报表中的有（　　）。

A. 商品产品成本表　　B. 制造费用明细表

C. 期间费用明细表　　D. 资产负债表

2. 成本报表是一种（　　）。

A. 内部管理会计报表　　B. 对外财务会计报告

C. 静态报表　　D. 汇总报表

3. 成本报表的种类、格式和内容等，由（　　）。

A. 政府有关部门规定　　B. 国家制定的企业会计制度规定

C. 银行等债权人规定　　D. 企业自行决定

4. 期间费用明细表包括（　　）等。

A. 营业费用明细表　　B. 管理费用明细表

C. 财务费用明细表　　D. 销售费用明细表

E. 采购费用明细表

5. 下列报表中，不属于成本报表的有（　　）。

A. 商品产品成本表　　B. 主要产品单位成本表

C. 现金流量表　　D. 损益表

E. 资产负债表

6. 编制和报送成本报表的要求有（　　）。

A. 数字真实　　B. 计算准确　　C. 内容完整

D. 报送及时　　E. 结构符合统一会计制度

7. 下列报表中属于成本报表的有（　　）。

A. 商品产品成本表　　B. 主要产品单位成本表

C. 制造费用明细表　　D. 期间费用明细表

E. 利润表

三、判断题

1. 成本报表是企业进行成本、利润的预测、决策，编制产品成本和各项费用计划，制定产品价格的重要依据。（　　）

2. 成本报表是一种内部管理会计报表，一般不对外报送和公开。（　　）

3. 不同企业的成本报表不可以存在差异。（　　）

任务二　分析成本报表

案例引入

案例 7-3　可比产品成本变化分析

已知湘华工厂生产成本资料如表 7-2-1 所示。

表 7-2-1 **产品生产成本表**

编制单位： 日期：2020 年 12 月 31 日 单位：元

产品名称	计量单位	实际产量		单位成本			
		本月	本年累计	上年实际平均	本年计划	本月实际	本年累计实际平均
		（1）	（2）	（3）	（4）	（5）	（6）
可比产品合计							
其中：甲	件	110	1500	520	300	297	298
乙	件	90	1000	300	280	324	330
不可比产品合计		—	—	—	—	—	—
其中：丙	件	230	2650	—	120	112	115
丁	件	110	1100	—	70	67	68
全部商品产品		—	—	—	—	—	—

要求：分析可比产品成本变化情况及原因。

案例 7-4 产品成本的比率分析

已知湘华工厂生产的甲产品成本资料如表 7-2-2 所示，请用比率分析法分析相关比率。

表 7-2-2 **红星公司甲产品单位成本表**

产品名称：甲产品 产品单位售价：1100 元

产品规格：500 毫升 本月实际产量：105 件

计量单位：件 本年累计实际产量：850 件

成本项目	历史先进水平	上年实际平均	本年计划	本月实际	本年累计实际平均
直接材料	615	705	695	710	688
直接人工	75	91	93	90	91
制造费用	35	82	75	80	80
成本合计	725	878	863	880	859

案例 7-5 应用连环替代法、差额法进行成本报表分析

吉祥雨伞公司的产品相关资料如表 7-2-3 所示，请用连环替代法、差额法分析各因素对费用总额的影响程度。

表 7-2-3 **吉祥雨伞公司产品相关资料**

影响因素	实际数	计划数
产品产量	23 件	22 件
单位产品材料消耗量	16 千克/件	19 千克/件
材料单价	13 元	11 元
材料费用总额	4784 元	4598 元

案例 7-6 计划成本执行情况分析

吉祥雨伞公司的产品成本报表如表 7-2-4 所示。

表 7-2-4　　　　　　　　　　　**产品成本报表**

编制单位：吉祥雨伞公司　　　　日期：2020 年 12 月　　　　金额单位：万元

产品名称	计量单位	产量		单位成本		
		计划	实际	上年实际	本年计划	本年实际
可比产品						
甲产品	件	300	301	23.65	23	22.3
乙产品	件	200	205	50.55	50.5	54.7
小　计						
不可比产品						
丙产品	件	100	100		6.96	7.1
产品总成本						

要求：分析吉祥雨伞公司计划成本执行情况。

关键知识点

（一）成本报表的整体分析方法

成本报表的整体分析方法主要有水平分析法、垂直分析法、趋势分析法。

1. 水平分析法

将企业成本报表信息本期与前期或某个历史水平进行比较分析，研究成本业绩与成本状况发展变动情况的一种分析方法。它是一种反映某方面情况报表的全面、综合的对比分析。

2. 垂直分析法

垂直分析法是分析企业成本报表中各项目占总体的比重或结构的分析，反映的是项目与总体的关系结构变动情况。这种经过垂直分析处理后的数据报表，一般称为总体结构报表或共同比报表。

3. 趋势分析法

趋势分析法是分析企业成本报表中有关数据连续几年或几个时期的数据变化情况，数据可以是指数或完成率等，反映一定时期的数据变动趋势，可以分析各项目的变动趋势，也可以分析主要指标的变动趋势。

（二）指标分析法

指标分析法主要有比较分析法、比率分析法、因素分析法。

1. 比较分析法

比较分析法是指通过指标对比，从数量上确定差异的一种分析方法。实际工作中通常有以下几种形式：

（1）以成本的实际指标与成本计划或定额指标对比。

（2）以本期实际成本指标与前期（上期、上年同期或历史最好水平）的实际成本指标对比。

（3）以本企业实际成本指标（或某项技术经济指标）与国内外同行业先进指标对比。

2. 比率分析法

比率分析法是通过计算和对比经济指标的比率，进行数量分析的一种方法，其又分为相关比率分析法、构成比率分析法、动态比率分析法。

相关比率分析法是将两个相互联系、相互依存但性质不同的指标对比求出比率，然后以实际数与计划数进行对比分析，以便从经济活动的客观联系中，更深入地认识企业的生产经营状况。

构成比率分析法是指某项经济指标的各个组成部分占总体的比重。

动态比率分析法是将不同时期同类指标的数值对比求出比率，进行动态比较，据以分析该项指标的增减速度和变动趋势。

使用比率分析法要注意对比指标之间的可比性，包括指标内容、计算口径、计算时间上的可比性。

3. 因素分析法

因素分析法是指依据分析指标与其影响因素之间的关系，按照一定的程序和方法，确定各因素对分析指标差异影响程序的技术分析方法。根据其分析特点，可以分为连环替代法和差额分析法。

连环替代法是指将某一综合指标分解为若干个相互联系的因素，计算分析各项因素对综合指标变动影响程度的一种分析方法。

替代顺序确定的一般原则是：

（1）先数量指标、后质量指标。

（2）先实物量指标、后价值量指标。

（3）先主要指标、后次要指标。

（4）先分子指标、后分母指标。

差额分析法是根据各项因素的实际数与基数的差额，来计算分析各项因素影响程度的一种方法。其公式可表示为：

A 因素的影响程度 = (A1−A0)×B0×C0

B 因素的影响程度 = (B1−B0)×A1×C0

C 因素的影响程度 = (C1−C0)×A1×B1

案例讨论与讲解

案例 7-3　分析参考

1. 可比产品成本变化情况

（1）计算可比产品成本降低额。

可比产品成本降低额为：1080000−777000 = 303000

（2）计算可比产品成本降低率。

可比产品成本降低率为：303000/1080000 = 28.06%

（3）计算实际与计划的差异。

本年计划降低额为 400000 元；本年计划降低率为 32.01%。

降低额的差异为：303000−400000 = −97000

降低率的差异为：

97000/303000 = 32.01%

32.01% − 28.06% = 3.95%

可比产品成本比较计算情况如表7-2-5所示。

表7-2-5　　可比产品成本比较计算表

产品名称	本月总成本			本年累计总成本		
	按上年实际平均单位成本计算	按本年计划单位成本计算	本月实际	按上年实际平均单位成本计算	按本年计划单位成本计算	本年实际
	(1)×(3)	(1)×(4)	(1)×(5)	(2)×(3)	(2)×(4)	(2)×(6)
可比产品合计	84200	58200	61830	1080000	730000	777000
其中：甲	57200	33000	32670	780000	450000	447000
乙	27000	25200	29160	300000	280000	330000
不可比产品合计	—	35300	33130	—	395000	379550
其中：丙	—	27600	25760	—	318000	304750
丁	—	7700	7370	—	77000	74800
全部商品产品	84200	93500	94960	1080000	1125000	1156550

4. 分析产生差异的原因

分析产生差异的原因时，主要分析三个因素，即产品单位成本变动、产品品种结构变动和产品产量变动。这三个因素对可比产品成本降低额和降低率有不同的影响，其中，产品单位成本变动、产品品种结构变动既影响降低额，又影响降低率；产品产量变动只影响降低额，不影响降低率（这是因为，可比产品成本的实际降低额和降低率都是根据实际产量计算的，计算成本降低率时，分子和分母都使用相同的产量）。因此，影响可比产品成本降低额变动的因素有三个，即产品单位成本变动、产品品种结构变动和产品产量变动；影响可比产品成本降低率变动的因素有两个，即产品单位成本变动和产品品种结构变动。

在分析产生差异的原因时，应分别从这些因素入手进行分析。

（1）产品单位成本变动的影响。

① 对降低额的影响。

730000 − 777000 = −47000元

上式的计算说明，由于单位成本升高，使可比产品实际成本比计划成本上升了47000元，也就是说，在未完成降低额计划的97000元中，因为产品单位成本变动的占了47000元。

② 对降低率的影响。

32.01% − 28.06% = 3.95%

上式的计算说明，由于单位成本升高，使可比产品成本降低率差3.95%未完成降低任务。

（2）产品品种结构变动的影响。

① 对降低率的影响。

3. 95%−0. 32%＝3. 64%

上式之所以这样计算的原因是，产品产量的变动只影响降低额，不影响降低率，因此，影响降低率的因素只有产品单位成本变动和产品品种结构变动两个。降低率未完成计划的总差异是 3. 95%，其中产品单位成本变动占了 0. 32%，剩余的 3. 64%就是产品品种结构变动的影响了。

② 对降低额的影响。

1080000×3. 64%＝39312 元

上式的计算说明，由于产品品种结构发生变动，使可比产品实际成本比计划成本上升了 39312 元，也就是说，在未完成降低额计划的 97000 元中，因为产品品种结构变动的占了 39312 元。

（3）产品产量变动的影响。

97000−47000−39312＝10688 元

上式的计算说明，产品产量变动只影响可比产品成本降低额，不影响降低率。由于产品产量发生变动，使可比产品实际成本比计划成本上升了 8443 元。也就是说，在未完成降低额计划的 97000 元中，因为产品产量变动的占了 10688 元。

通过上述分析可以看到，该企业本年度可比产品成本没有完成降低任务，单位成本变动、产品品种结构变动、产品产量变动都产生了影响，但其中影响比较大的因素是产品品种结构变动。应进一步分析变动的原因是市场变化的需要、产业结构调整的需要，还是在生产计划制订上、均衡生产上存在问题，以进一步强化管理。

案例 7-4　分析参考

在分析甲产品的单位成本时，将产品成本 855 元与单位售价 1100 元比较得出的比率为相关比率；将直接材料 710 元与单位产品成本 880 元相比较，得出的比率为构成比率；将本年实际累计平均生产成本 859 元与历史先进水平 725 元、上年实际平均单位成本 878 元相比较，得出的比率为动态比率。

案例 7-5　分析参考

连环替代法分析：

单位产品成本中影响材料费用总额的因素有很多，按其相互关系可归纳为三个：产品产量、单位产品材料消耗量和材料单价。

计算公式为：单位产品成本＝产品产量×单位产品材料消耗量×材料单价

应用连环替代法计算影响程度的计算过程如下：

① 以计划数为基数：22×19×11＝4598

② 第一次替换：23×19×11＝4807

②−①＝产量变动影响　4807−4598＝209

③ 第二次替换：23×16×11＝4048

③−②＝单位产品采料消耗量变动影响　4048−4807＝−759

④ 第三次替换：23×16×13＝4784

④−③＝材料单价变动影响　4784−4048＝736

合计：209−759+736＝186

差额法分析：

材料费用总额数实际数与计划数的差额：4784−4598＝186

各因素影响程度：

① 产量变动影响＝(23−22)×19×11＝209

② 单位产量材料消耗量变动影响＝23×(16−19)×11＝−759

③ 材料单价变动影响＝23×16×(13−11)＝736

合计：①−②+③＝209−759+736＝186

案例 7-6　分析参考

产品计划与实际成本计算结果见表 7-2-6。

表 7-2-6　　产品计划与实际成本计算结果

产品名称	计划总成本(按计划产量)		本年总成本(按实际产量)		
	按上年实际平均单位成本计算	按本年计划单位成本计算	按上年实际平均单位成本计算	按本年计划单位成本计算	按本年实际单位成本计算
可比产品					
甲产品	7095	6900	7118.65	6923	6712.3
乙产品	10110	10100	10362.75	10352.5	11213.5
小　计	17205	17000	17481.4	17275.5	17925.8
不可比产品					
丙产品		696		696	710
产品总成本	17205	17696	17481.4	17971.5	18635.8

产品成本分析结果见表 7-2-7。

表 7-2-7　　产品成本分析表

产品名称	计划总成本	实际总成本	降低额	降低率
可比产品				
甲产品	6923	6712.3	210.7	3.04%
乙产品	10352.5	11213.5	−861	−8.32%
小　计	17275.5	17925.8	−650.3	−3.76%
不可比产品				
丙产品	696	710	−14	−2.01%
产品总成本	17971.5	18635.8	−664.3	−3.70%

小结：从表 7-2-7 中可以看出，吉祥雨伞公司产品总成本实际比计划增加了 664.3 万元，上升了 3.7%，说明企业产品成本计划完成得不好。进一步分析得出：甲产品成本有一定下降，乙和丙产品成本均有上升，其中乙产品上升了 861 万元，上升比率为 8.32%，这是影响总成本上升的关键因素，公司应进一步分析产生的原因。

实训

实训 7-2　计划成本执行情况分析

吉新工厂生产甲、乙、丙三种产品，本年实际产量、实际平均单位成本、本年计划单位成本见表 7-2-8。甲、乙为主要产品，两种产品上年实际平均单位成本分别为 3000 元、2500 元；丙产品为本年新生产的非主要产品。

表 7-2-8　　　　产品产量与成本记录表

产品名称	计量单位	产量		单位成本		
		计划	实际	上年实际	本年计划	本年实际
主要产品						
甲产品	件		1300	3200	3100	2890
乙产品	件		550	2400	2420	2455
非主要产品						
丙产品	件		550		2770	2670
产品总成本						

要求：分析吉新工厂全部产品成本计划的完成情况并简要进行评价。

实训 7-3　成本分析实训

先锋电子设备厂主要生产空调、冰箱、冰柜等产品，产品销售全国各地，该工厂注册资金为 4000 万元，2020 年 12 月份由于某冰箱成本升高，因此对其采用差额法进行分析。主要产品单位成本资料如表 7-2-9 所示，2020 年成本计划规定和 12 月份实际发生的材料消耗量和材料单价如表 7-2-10 所示，公司实行计时工资制度。产品每台所耗工时数和每小时工资成本的计划数和实际数如表 7-2-11 所示。

表 7-2-9　　　　主要产品单位成本资料

日期：2020 年 12 月　　　　金额单位：元

成本项目	上年实际平均	本年计划	本年实际
直接材料	3300	3081	3675
直接人工	1500	1760	1542
制造费用	600	600	580
合计	5400	5441	5797

表 7-2-10　　　　直接材料计划与实际成本对比表

日期：2020 年 12 月　　　　金额单位：元

项目	材料消耗数量(千克)	材料价格(元/千克)	直接材料成本(元)
本年计划	195	15.8	3081
本月实际	175	21	3675

表 7-2-11　　　　直接人工成本计划与实际对比表

日期：2020 年 12 月　　　　金额单位：元

项目	单位产品所耗工时	每小时工资成本	直接人工成本
本年计划	16	110	1760
本月实际	12.85	120	1542
直接人工成本差异	−3.15	10	−218

请根据案例回答下列问题：

(1) 从产品单位成本表可以看出，该产品单位成本中的直接材料成本本月实际比本年计划超支（　　）。

A. 594 元　　B. -20 元　　C. 5.2 元　　D. 70 元

(2) 从产品单位成本表和直接人工成本计划与实际对比表可以看出，产品单位成本中的直接人工成本本月实际比本年计划降低（　　）。

A. 10 元　　B. 218 元　　C. 3.15 元　　D. -218 万元

(3) 材料消耗数量变动对直接材料的影响是（　　）。

A. -316 元　　B. -910 元　　C. 316 元　　D. 910 元

(4) 材料价格变动对直接材料的影响是（　　）。

A. -316 元　　B. -910 元　　C. 316 元　　D. 910 元

(5) 单位产品所耗工时变动对直接人工的影响是（　　）。

A. 160 元　　B. -160 元　　C. -346.5 元　　D. 346.5 元

(6) 每小时工资成本变动对直接人工的影响是（　　）。

A. 160 元　　B. -160 元　　C. -346.5 元　　D. 346.5 元

(7) 构成比率指标直接材料占单位产品成本的比重是（　　）。

A. 63.39%　　B. 71%　　C. 26.6%　　D. 55%

(8) 单位产品成本超支的主要原因是由于（　　）。

A. 材料消耗价格上升　　B. 工时工资降低影响

C. 制造费用增加影响　　D. 工时增加影响

项目综合实训

一、单项选择题

1. 通过成本指标在不同时期（或不同情况）的数据的对比，来揭示成本变动及其原因的一种方法是（　　）。

A. 对比分析法　　B. 趋势分析法　　C. 比率分析法　　D. 因素分析法

2. 以下指标中构成比率指标的是（　　）。

A. 销售收入成本率　　B. 成本利润率

C. 直接人工占产品总成本的百分比　　D. 单位成本降低率

3. 星灿公司甲产品计划产量 110 件，计划单位产品材料消耗量 7 千克，计划材料单价 5 元，实际产量 120 件，实际单位产品材料消耗量 6.5 千克，实际材料单价 6 元。材料费用超支（　　）。

A. 300 元　　B. 830 元　　C. -650 元　　D. 770 元

4. 比率分析法主要有对比分析法和相关指标比率分析法两种。(　　)

A. 正确　　B. 错误

5. 水平分析法是指将反映企业报告其成本的信息与反映企业前期或历史某一种成本状况的信息进行对比，研究企业经营业绩或成本状况发展变动情况的成本分析方法。(　　)

A. 正确　　　　B. 错误

6. 本年实际产量按上年实际平均单位成本计算的生产总成本，减去本年累计实际总成本，等于（　　）。

A. 计划成本降低额　B. 实际成本降低额　C. 实际成本降低率　D. 没有经济意义

7. 比较分析法只适用于（　　）。

A. 同质指标的质量对比　　　　B. 不同质指标的质量对比

C. 同质指标的数量对比　　　　D. 不同质指标的数量对比

8. 因素分析法各因素的排列顺序一般是（　　）。

A. 数量指标在前，质量指标在后的原则　　B. 质量指标在前，数量指标在后的原则

C. 数量指标可以在前也可以在后　　D. 质量指标可以在前也可以在后

9. 星灿公司可比产品 A 产品，上年实际总成本为 110000 元，实际总产量 550 件，本年实际总产量为 600 件，实际总成本为 118000 元。本年可比产品成本降低额为（　　）元。

A. −2000　　B. 2000　　C. −18000　　D. 18000

10. 可比产品成本本年与上年相比，如果不是降低而是超支，其超支额和超支率应用（　　）填列。

A. 负数　　B. 正数　　C. 红字　　D. 蓝字

11. 材料费用总额的三个因素可以归纳为产品产量、单位产品材料消耗量和材料单价。按照连环替代法分析，三个因素的先后顺序是（　　）。

A. 单价、单位产品材料消耗量、产量　　B. 单位产品材料消耗量、产量、单价

C. 单价、产量、单位产品材料消耗量　　D. 产量、单位产品材料消耗量、单价

二、多项选择题

1. 成本报表指标分析的方法有（　　）。

A. 比较分析法　　B. 比率分析法　　C. 连环替代法

D. 差额分析法　　E. 趋势分析法

2. 成本报表整体分析的方法有（　　）。

A. 水平分析法　　B. 垂直分析法　　C. 趋势分析法

D. 指标分析法　　E. 连环替代法

3. 对可比产品成本进行分析时，应该考虑的因素有（　　）。

A. 产品产量　　B. 产品品种结构　　C. 单位成本

D. 单位材料消耗量　E. 计划单位成本

4. 企业制造费用明细表应设有（　　）等多个栏目。

A. 本年计划　　B. 本年实际　　C. 上年同期实际

D. 本月实际　　E. 本年累计实际

5. 影响可比产品成本的主要因素有（　　）。

A. 产品产量　　B. 产品品种结构　　C. 产品单位成本

D. 产品的合格率　　E. 产品计划单价

6. 星灿公司甲产品计划产量 100 件，计划单位产品材料消耗量 8 千克，材料单价计划 5 元，实际产量 110 件，实际单位产品材料消耗量 7 千克，实际材料单价 6 元。材料费

用超支 620 元，三个因素对这一超支额的影响额分别是（　　）。

A. 400 元　　B. 420 元　　C. −550 元

D. 770 元　　E. 660 元

7. 某企业甲产品商品产品成本表中，本月实际产量 2000 台，上年实际平均单位成本 130 元，本年计划单位成本 126 元，本月实际单位成本 123 元，本年累计实际平均单位成本 125 元，则总成本计算中，上年实际单位成本计算的数额、计划单位成本计算的数额、本月实际的数额分别是（　　）。

A. 260000　　B. 252000　　C. 246000

D. 250000　　E. 256000

8. 商品产品成本表可以反映可比产品与不可比产品的（　　）。

A. 实际产量　　B. 单位成本　　C. 本月总成本

D. 本年累计总成本　　E. 产品价格

9. 连环替代法在实际运用过程中，要体现（　　）特点。

A. 计算方法的简化性　　B. 计算程序的连环性

C. 计算结果的假设性　　D. 因素替换的顺序性

E. 计算程序的复杂性

参考文献

［1］ 鲁亮升. 成本会计［M］. 大连：东北财经大学出版社，2010.

［2］ 万寿义，任月君. 成本会计［M］. 大连：东北财经大学出版社，2010.

［3］ 胡玉明，潘敏虹. 成本会计［M］. 厦门：厦门大学出版社，2010.

［4］ 财政部会计司编写组. 企业会计准则讲解［M］. 北京：人民出版社，2007.

［5］ 中国会计学会网. http：//www. asc. net. cn.

［6］ 国家精品课程资源网. htp：//www. jingpinke. com.

［7］ 爱课程网——中国大学视频公开课. http：/www. icourse. edu. cn.

［8］ 中华人民共和国财政部网站. htp：/www mof. gov. cn.

［9］ 李争艳，郑新娜. 成本会计［M］. 北京：清华大学出版社，2018.

［10］ 唐婉虹. 成本会计［M］. 北京：清华大学出版社，2018.

［11］ 周云凌. 成本会计——原理、实务、案例、实训［M］. 北京：清华大学出版社，2013.

［12］ 贺江莲. 成本核算会计项目化教程［M］. 北京：电子工业出版社，2017.

［13］ 梁斌. 成本核算会计项目化教程实训［M］. 北京：电子工业出版社，2017.